TÜM ZAMANLARIN GIDA KAMYONU FAVORİLERİ

100 Sokak Yemeği Klasikini Evde Yeniden Yaratmak

Melike Kurt

Telif Hakkı Malzemesi ©202 4

Her hakkı saklıdır

Bu kitabın hiçbir bölümü, incelemede kullanılan kısa alıntılar dışında, yayıncının ve telif hakkı sahibinin uygun yazılı izni olmadan, hiçbir şekilde veya yöntemle kullanılamaz veya aktarılamaz. Bu kitap tıbbi, hukuki veya diğer profesyonel tavsiyelerin yerine geçmemelidir.

İÇİNDEKİLER

- İÇİNDEKİLER 3
- GİRİİŞ 6
- **KAHVALTI** 7
  1. ETLİ YUMURTALAR ÇİFTÇİLER 8
  2. MİNİ AKÇAAĞAÇ TARÇINLI RULOLAR 11
  3. WAFFLE DEMİRLİ PİZZALAR 13
  4. BLT WAFFLE SÜRGÜLERİ 15
  5. YİYECEK KAMYONU ETLİ YUMURTALAR ÇİFTÇİLER 17
  6. TARÇINLI KAHVALTI LOKMALARI 20
  7. İSTİRİDYE OMLETİ 22
  8. BRÜKSEL GOFRETLERİ 24
  9. LİEGE WAFFLE'LARI 26
- **ATIŞTIRMALIKLAR VE MEZELER** 28
  10. YİYECEK KAMYONU KIZARMIŞ MANTI 29
  11. YİYECEK KAMYONU MISIR KÖPEKLERİ 31
  12. EGZOTİK BEŞ BAHARATLI TAVUK KANATLARI 33
  13. NEW ORLEANS BEİGNETS 35
  14. KIZARMIŞ MEKSİKA MANTISI 37
  15. YÜKLÜ ÇEKİLMİŞ DOMUZ BARDAKLARI 39
  16. BANH Mİ ŞİŞ 41
  17. DOMUZ ETLİ VE SEBZELİ ÇİN BÖREĞİ 43
  18. BUFFALO TAVUK KANATLARI 45
  19. YİYECEK KAMYONU SAMOSALARI 47
  20. BUFFALO MAKARNA VE PEYNİR LOKMALARI 50
  21. YİYECEK KAMYONU DOMUZ ETİ SATAY 53
  22. JALAPENO POPPER MEKSİKA SOKAK MISIRI 55
  23. DOLDURULMUŞ PB&J FRANSIZ TOSTU KABOBS 57
  24. ÇUBUKTA KIZARTILMIŞ ŞEKER ÇUBUKLARI 59
  25. FELAFEL 61
  26. KOYUN KEBAPLARI 63
  27. PAKORALAR 65
  28. SOUVLAKİ 67
  29. PATATES KROKETLERİ 69
  30. FRİCADELLES 72
- **SANDVİÇLER VE BURGERLER** 74
  31. YEMEK KAMYONU ÖZENSİZ JOE KÖPEKLER 75
  32. FESLEĞENLİ TAVUKLU SANDVİÇLER 77
  33. TAVUK & KARAMELİZE SOĞANLI IZGARA PEYNİR 79

34. PEYNİRLİ JAMBONLU VE YUMURTALI SANDVİÇLER 81
35. EV YAPIMI ÖZENSİZ JOES 83
36. LİMON SOSLU FALAFEL TAVUK BURGER 85
37. İSTAKOZ RULOLARI 88
38. MISIR-JİCAMA SALSA İLE TAVUK SOKAĞI TACOS 90
39. YEŞİL DOMATES BLT 92
40. LÜBNAN SOKAK SANDVİÇLERİ 94
41. MANGALDA TAVUK SALATALI SANDVİÇLER 96
42. GENERAL TSO'NUN LAHANA SALATALI TAVUKLU SANDVİÇİ 98
43. GİZLİ SOSLU BURGER SÜRGÜLERİ 101
44. BANG BANG KARİDESLİ KEK KAYDIRICILARI 104
45. ASYA ÇEKİLMİŞ DOMUZ ETLİ SANDVİÇLER 107
46. YARIŞMA KAZANAN BAVYERA KÖFTESİ HOAGİES 109
47. DOMUZ FİLETOLU SANDVİÇ 112
48. BAHARATLI BALIK SANDVİÇ 114

TACOS, ENCHILADAS VE SARMALAR 117
49. YİYECEK KAMYONU BALIK TACOS 118
50. MOO SHU MANTAR SARMALARI 120
51. KALİFORNİYA RULO SARMALARI 122
52. TAVUK TACO YAVAŞ PİŞİRİCİ 124
53. MİNİ CHİMİCHANGALAR 126
54. MİSKET LİMONU-CHİPOTLE CARNITAS TOSTADAS 128
55. YİYECEK KAMYONU LEZZETLİ BURRİTOLAR 131
56. ÇİFTÇİ PAZARI ENCHILADAS 133
57. TAVUK SEZAR SARMALARI 135
58. TAVUKLU SOUVLAKİ PİDE 137
59. YİYECEK KAMYONU YÜRÜYÜŞ TACOS 139
60. TAVUK TAMALESİ 141

DOLU KIZARTMALAR 144
61. YÜKLÜ WAFFLE KIZARTMASI 145
62. BUFFALO MAVİ PEYNİRLİ KIZARTMA 147
63. DOLDURULMUŞ ACILI PEYNİRLİ KIZARTMA 149
64. TRÜF PARMESAN KIZARTMASI 151
65. KAHVALTIDA PATATES KIZARTMASI 153
66. BACON ÇİFTLİĞİ KIZARTMASI 155
67. FRANSIZ KIZARTMASI 157
68. BARBEKÜ TAVUK KIZARTMASI 159
69. BARBEKÜ ÇEKİLMİŞ DOMUZ KIZARTMASI 161
70. ÇİZBURGER KIZARTMASI 163
71. DANA BİBERLİ PEYNİRLİ KIZARTMA 165
72. TAVUK ÇİFTLİĞİ KIZARTMASI 167
73. CAJUN KARİDES KIZARTMASI 169
74. YİYECEK KAMYONU POUTİNE 171

ŞEBEKE 173
   75. EN İYİ BEBEK SIRT KABURGALARI 174
   76. FÜME MAC VE PEYNİR 176
   77. KORE SIĞIR ETİ VE PİLAV 178
   78. FAVORİ KÖFTE DÖNERLERİ 180
   79. DOMUZ ETİ VE RAMEN TAVADA KIZARTMA 182
   80. ACI BİBERLİ KABURGA 184
   81. ÇEKİLMİŞ DOMUZ PARFESİ 186
   82. YIYECEK KAMYONU PAD THAI 188
   83. TAVUK KİEV 190
   84. HACİM HAVASI 192

TATLI VE TATLILAR 195
   85. GELENEKSEL HUNİ KEKLERİ 196
   86. ŞEKER ÇILGINLIĞI DONDURMA SANDVİÇLERİ 198
   87. ÇİLEKLİ DONDURMA 200
   88. DONDURMA KÜLAHI İKRAMLARI 202
   89. YIYECEK KAMYONU PORTAKALLI KREMALI POPS 204
   90. ÇİLEK-RAVENT BUZ POPS 206
   91. BROWNIE BOĞULDU PAZARLARI 208
   92. DONDURULMUŞ MUZLU MISIR GEVREĞİ POPS 210
   93. KIZARTILMAMIŞ KIZARMIŞ DONDURMA 212
   94. ESKİ ZAMAN MUHALLEBİ DONDURMA 214

İÇECEKLER 216
   95. ÇİLEK KARPUZ SULU KAR 217
   96. RAVENT LİMONATA SULU KAR 219
   97. SALATALIK NANE LİMONATA 221
   98. BUZLU LAVANTA SÜT 223
   99. ŞEFTALİ FESLEĞEN LİMONATA 225
   100. BUZLU MATCHA SÜT 227

ÇÖZÜM 229

GİRİŞ

"Tüm Zamanların Yemek Kamyonu Favorileri: 100 Sokak Yemeği Klasikini Evde Yeniden Yaratmak" programına hoş geldiniz! Dünyanın dört bir yanından gelen sokak yemeklerinin canlı lezzetlerinin kendi mutfağınızda canlandığı bir mutfak yolculuğuna çıkın. Cızırtılı tacolardan leziz burgerlere ve ağız sulandıran tatlılara kadar bu yemek kitabı, yiyecek kamyonu yemeklerinin karşı konulmaz cazibesini evinizde deneyimlemeniz için pasaportunuzdur.

Yiyecek kamyonları, hareket halindeyken lezzetli ve kullanışlı yemekler sunma ve her damak tadına hitap eden cezbedici lezzet çeşitleri sunma yetenekleri nedeniyle uzun süredir sevilmektedir. Bu yemek kitabında, her biri bu mutfak mücevherlerinin özünü yakalamak için titizlikle hazırlanmış 100 sokak yemeği klasiğinden oluşan bir koleksiyon hazırladık.

İster Kore barbekü tacosunun baharatlı tadını, ister New York tarzı pizzanın lezzetli konforunu, ister churros'un tatlı zevkini özlüyor olun, bu sayfalarda en sevdiğiniz yemek kamyonu temel malzemelerini ve daha fazlasını bulacaksınız. Acemi ev aşçılarının bile bu ikonik yemekleri kolaylıkla yeniden yaratabilmesini sağlamak için adım adım talimatlar ve uzman ipuçları ekledik.

Öyleyse önlüğünüzün tozunu alın, mutfağınızı ateşleyin ve eşi benzeri olmayan bir gastronomik maceraya atılmaya hazırlanın. İster arka bahçenizde barbekü yapıyor olun, ister temalı bir akşam yemeği partisi planlıyor olun, ister sadece sokak yemeği deneyiminin tadına bakmak istiyor olun, "Tüm Zamanların Yemek Kamyonu Favorileri" size yardımcı olacaktır.

Bu sokak yemeği klasiklerini evinizde yeniden yaratırken, mutfak becerilerinizle ailenizi ve arkadaşlarınızı etkilemeye hazırlanın. Haydi hemen dalalım ve yiyecek kamyonlarının canlı lezzetlerini kendi mutfağınıza getirmenin keyfini keşfedelim!

KAHVALTI

1.Etli Yumurtalar çiftçiler

İÇİNDEKİLER:

- 4 mısır ekmeği
- 1 yemek kaşığı bitkisel yağ
- 1 soğan, doğranmış
- 2 diş sarımsak, kıyılmış
- 1 dolmalık biber, doğranmış
- 1 jalapeno biber, çekirdeği çıkarılmış ve doğranmış
- 1 kutu (14 oz) doğranmış domates
- 1 kutu (14 oz) siyah fasulye, süzülmüş ve durulanmış
- 1 çay kaşığı öğütülmüş kimyon
- Tatmak için biber ve tuz
- 4 yumurta
- Pişmiş kıyma veya dana chorizo
- Rendelenmiş peynir (kaşar veya Monterey Jack)
- Garnitür için taze kişniş yaprakları
- Servis için avokado dilimleri (isteğe bağlı)
- Servis için salsa (isteğe bağlı)

TALİMATLAR:

a) Fırınınızı önceden 350°F (175°C) ısıtın.
b) Mısır tortillalarının her iki tarafını da bitkisel yağla fırçalayın ve bir fırın tepsisine yerleştirin.
c) Önceden ısıtılmış fırında 5-7 dakika veya gevrekleşip hafifçe kızarıncaya kadar pişirin.
ç) Bir tavada bitkisel yağı orta ateşte ısıtın.
d) Tavaya doğranmış soğanı, kıyılmış sarımsağı, doğranmış dolmalık biberi ve doğranmış jalapeno biberini ekleyin. Yumuşayana kadar pişirin.
e) Doğranmış domatesleri, siyah fasulyeyi, öğütülmüş kimyonu, tuzu ve karabiberi karıştırın. 5-7 dakika kaynatın.
f) Bu arada yumurtaları istediğiniz kıvamda (kızarmış veya çırpılmış) pişirin.
g) Birleştirmek için pişmiş mısır tortillasını bir tabağa koyun.
ğ) Üzerine bir kaşık dolusu domates-fasulye karışımı, pişmiş kıyma veya dana chorizo ve pişmiş yumurta ekleyin.
h) Rendelenmiş peynir serpin ve taze kişniş yapraklarıyla süsleyin.
ı) İstenirse yanında avokado dilimleri ve salsa ile servis yapın.
i) Doyurucu ve lezzetli etli Yumurtalar çiftçiler'unuzun tadını çıkarın!

2.Mini Akçaağaç Tarçınlı Rulolar

İÇİNDEKİLER:
- 1 kutu (8 oz) soğutulmuş hilal rulo hamuru
- 2 yemek kaşığı tereyağı, eritilmiş
- 2 yemek kaşığı akçaağaç şurubu
- 1/4 su bardağı esmer şeker
- 1 çay kaşığı öğütülmüş tarçın
- Krem peynirli krema (isteğe bağlı)

TALİMATLAR:
a) Fırınınızı önceden 375°F (190°C) ısıtın.
b) Hilal şeklinde rulo hamurunu temiz bir yüzeye açın ve bir dikdörtgen oluşturacak şekilde dikişleri birbirine bastırın.
c) Küçük bir kapta eritilmiş tereyağını ve akçaağaç şurubunu karıştırın.
ç) Tereyağı karışımını hamurun yüzeyine fırçalayın.
d) Başka bir kapta esmer şekeri ve öğütülmüş tarçını birleştirin.
e) Tarçınlı şeker karışımını tereyağlı hamurun üzerine eşit şekilde serpin.
f) Uzun bir taraftan başlayarak hamuru bir kütük haline getirin.
g) Kütüğü yaklaşık 1 inç kalınlığında mini rulolar halinde kesin.
ğ) Mini tarçın rulolarını parşömen kağıdıyla kaplı bir fırın tepsisine yerleştirin.
h) 10-12 dakika veya altın rengi kahverengi olana ve kabarıncaya kadar pişirin.
ı) İsteğe bağlı: Servis yapmadan önce üzerine krem peynirli krema gezdirin.
i) Tatlı bir ikram olarak lezzetli mini akçaağaç tarçınlı rulolarınızın tadını çıkarın!

3.Waffle Demirli Pizzalar

İÇİNDEKİLER:
- Waffle karışımı (paketteki talimatlara göre hazırlayın)
- Pizza Sosu
- Rendelenmiş mozarella peyniri
- Dilediğiniz pizza malzemeleri (biber, biber, soğan, mantar vb.)

TALİMATLAR:
a) Waffle demirini önceden ısıtın ve hafifçe yağlayın.
b) Waffle karışımını paketteki talimatlara göre hazırlayın.
c) Waffle hamurunun bir kısmını önceden ısıtılmış waffle demirine, yüzeyi kaplayacak ancak taşmayacak şekilde dökün.
ç) Waffle demirini kapatın ve waffle altın kahverengi olana ve iyice pişene kadar pişirin.
d) Pişen waffle'ı dikkatlice ütüden çıkarın ve bir fırın tepsisine yerleştirin.
e) Pişen waffle'ın üzerine pizza sosunu sürün.
f) Sosun üzerine rendelenmiş mozarella peynirini serpin.
g) En sevdiğiniz pizza malzemelerini peynirin üzerine ekleyin.
ğ) Hazırlanan waffle pizzalarını, peynir eriyip kabarcıklanıncaya kadar birkaç dakika boyunca bir piliç altına yerleştirin.
h) Fırından çıkarın ve servis yapmadan önce biraz soğumasını bekleyin.
ı) Takozlar halinde dilimleyin ve gözleme demirli pizzalarınızın tadını çıkarın!

4.BLT Waffle Sürgüleri

İÇİNDEKİLER:

- Waffle karışımı (paketteki talimatlara göre hazırlayın)
- Çıtır çıtır olana kadar pişirilmiş pastırma dilimleri
- Lahana Yaprakları
- Dilimlenmiş domates
- mayonez
- Kürdan

TALİMATLAR:

a) Waffle demirini önceden ısıtın ve hafifçe yağlayın.
b) Waffle karışımını paketteki talimatlara göre hazırlayın.
c) Waffle hamurunu önceden ısıtılmış waffle demirine dökün ve altın kahverengi ve gevrek oluncaya kadar pişirin.
ç) Kaydırıcı olarak kullanmak için pişmiş waffle'ları daha küçük kareler veya dikdörtgenler halinde kesin.
d) Bir waffle karesinin üzerine marul yaprağı, dilimlenmiş domates ve pişmiş domuz pastırması dilimini yerleştirerek BLT waffle sürgülerini birleştirin.
e) Başka bir waffle karesine mayonez sürün ve pastırmanın üzerine yerleştirin.
f) Kaydırıcıları bir arada tutmak için kürdanlarla sabitleyin.
g) Daha fazla kaydırıcı yapmak için kalan waffle kareleri ve malzemelerle aynı işlemi tekrarlayın.
ğ) Hemen servis yapın ve lezzetli BLT waffle sürgülerinin tadını çıkarın!

5.Yiyecek Kamyonu Etli Yumurtalar çiftçiler

İÇİNDEKİLER:
- 4 mısır ekmeği
- 1 yemek kaşığı bitkisel yağ
- 1 soğan, doğranmış
- 2 diş sarımsak, kıyılmış
- 1 dolmalık biber, doğranmış
- 1 jalapeno biber, çekirdeği çıkarılmış ve doğranmış
- 1 kutu (14 oz) doğranmış domates
- 1 kutu (14 oz) siyah fasulye, süzülmüş ve durulanmış
- 1 çay kaşığı öğütülmüş kimyon
- Tatmak için biber ve tuz
- 4 yumurta
- Pişmiş kıyma veya dana chorizo
- Rendelenmiş peynir (kaşar veya Monterey Jack)
- Garnitür için taze kişniş yaprakları
- Servis için avokado dilimleri (isteğe bağlı)
- Servis için salsa (isteğe bağlı)

TALİMATLAR:

a) Fırınınızı önceden 350°F (175°C) ısıtın.
b) Mısır tortillalarının her iki tarafını da bitkisel yağla fırçalayın ve bir fırın tepsisine yerleştirin.
c) Önceden ısıtılmış fırında 5-7 dakika veya gevrekleşip hafifçe kızarıncaya kadar pişirin.
ç) Bir tavada bitkisel yağı orta ateşte ısıtın.
d) Tavaya doğranmış soğanı, kıyılmış sarımsağı, doğranmış dolmalık biberi ve doğranmış jalapeno biberini ekleyin. Yumuşayana kadar pişirin.
e) Doğranmış domatesleri, siyah fasulyeyi, öğütülmüş kimyonu, tuzu ve karabiberi karıştırın. 5-7 dakika kaynatın.
f) Bu arada yumurtaları istediğiniz kıvamda (kızarmış veya çırpılmış) pişirin.
g) Birleştirmek için pişmiş mısır tortillasını bir tabağa koyun.
ğ) Üzerine bir kaşık dolusu domates-fasulye karışımı, pişmiş kıyma veya dana chorizo ve pişmiş yumurta ekleyin.
h) Rendelenmiş peynir serpin ve taze kişniş yapraklarıyla süsleyin.
ı) İstenirse yanında avokado dilimleri ve salsa ile servis yapın.
i) Doyurucu ve lezzetli etli Yumurtalar çiftçiler'unuzun tadını çıkarın!

6.Tarçınlı Kahvaltı Lokmaları

İÇİNDEKİLER:
- 1 yaprak puf böreği, çözülmüş
- 2 yemek kaşığı tereyağı, eritilmiş
- 1/4 su bardağı toz şeker
- 1 yemek kaşığı öğütülmüş tarçın

TALİMATLAR:
a) Fırınınızı önceden 375°F'ye (190°C) ısıtın ve fırın tepsisini parşömen kağıdıyla kaplayın.
b) Küçük bir kapta toz şeker ve öğütülmüş tarçını karıştırın.
c) Çözülmüş puf böreğini hafifçe unlanmış bir yüzeyde açın.
ç) Milföy hamurlarının yüzeyini eritilmiş tereyağıyla fırçalayın.
d) Tarçın-şeker karışımını tereyağlı puf böreğinin üzerine eşit şekilde serpin.
e) Milföy hamurunu küçük kareler veya dikdörtgenler halinde kesmek için bir pizza kesici veya bıçak kullanın.
f) Tarçın-şeker kaplı puf böreği karelerini hazırlanan fırın tepsisine aktarın.
g) Önceden ısıtılmış fırında 10-12 dakika veya kabarıp altın rengi kahverengi olana kadar pişirin.
ğ) Fırından çıkarın ve servis yapmadan önce biraz soğumasını bekleyin.
h) Tarçınlı kahvaltı lokmalarınızı sıcak olarak servis edin ve afiyetle yiyin!

7.İstiridye Omleti

İÇİNDEKİLER:
- 1 düzine küçük istiridye, kabukları soyulmuş, yaklaşık 10-12 ons
- 2 çırpılmış yumurta
- 2 yemek kaşığı tatlı patates unu
- 1/4 su bardağı su
- İnce doğranmış kişniş ve yeşil soğan
- Tuz biber
- Kızartmak için 2 yemek kaşığı sıvı yağ veya sıvı yağ

TALİMATLAR:
a) Büyük bir kapta tatlı patates unu ve suyla ince bir hamur yapın. Unun tamamen çözüldüğünden emin olun.

b) Tavayı sigara içene kadar ısıtın. Tavanın yüzeyini domuz yağı veya yağla kaplayın.

c) Tatlı patates hamurunu dökün. Neredeyse tamamen sertleştiğinde ancak üstü hala ıslak olduğunda, tuz ve karabiberle çırpılmış yumurtaları dökün.

ç) Nişastalı omletin alt kısmı altın rengindeyken ve çırpılmış yumurta yarıya kadar pişince, omleti bir spatula yardımıyla parçalara ayırın. Onları bir tarafa doğru itin.

d) İstiridye, yeşil soğan ve kişnişi ekleyip 1/2 dakika karıştırarak kızartın. Yumurtayla katlayın ve atın.

e) Acı sos veya tercih ettiğiniz tatlı biber sosu (tian la jiang) ile servis yapın.

8.Brüksel Gofretleri

İÇİNDEKİLER:

- 2 fincan çok amaçlı un
- 2 yemek kaşığı. toz şeker
- 2 çay kaşığı. kabartma tozu
- 1/2 çay kaşığı. tuz
- 4 büyük yumurta, ayrılmış
- 1 1/2 bardak süt
- 1/2 su bardağı tuzsuz tereyağı, eritilmiş
- 1 çay kaşığı. vanilya özü

TALİMATLAR:

a) Bir karıştırma kabında un, şeker, kabartma tozu ve tuzu birlikte çırpın.
b) Ayrı bir kapta yumurta sarılarını, sütü, eritilmiş tereyağını ve vanilya özünü birlikte çırpın.
c) Islak malzemeleri kuru malzemelerin içine dökün ve birleşene kadar karıştırın. Fazla karıştırmayın; bazı topaklar sorun değil.
ç) Başka bir kapta yumurta aklarını sert tepecikler oluşuncaya kadar çırpın.
d) Çırpılmış yumurta aklarını iyice birleşene kadar yavaşça hamura katlayın.
e) Waffle demirinizi talimatlara göre önceden ısıtın.
f) Waffle demirini pişirme spreyi veya eritilmiş tereyağıyla yağlayın.
g) Hamuru, önceden ısıtılmış waffle demirine, ütünün boyutuna göre önerilen miktarda dökün.
ğ) Kapağı kapatın ve waffle'lar altın rengi kahverengi ve gevrek oluncaya kadar pişirin.
h) Waffle'ları ütüden çıkarın ve kalan hamurla aynı işlemi tekrarlayın.
ı) Waffle'ları taze meyveler, çırpılmış krema, akçaağaç şurubu veya çikolata sosu gibi en sevdiğiniz malzemelerle sıcak olarak servis edin.

9.Liege Waffle'ları

İÇİNDEKİLER:
- 2 1/4 bardak çok amaçlı un
- 2 çay kaşığı. hazır maya
- 1/2 çay kaşığı. tuz
- 3/4 su bardağı ılık süt
- 2 büyük yumurta
- 1 çay kaşığı. vanilya özü
- 1 su bardağı tuzsuz tereyağı, yumuşatılmış
- 1 su bardağı inci şekeri (veya kırılmış şeker küpleri)

TALİMATLAR:
a) Büyük bir karıştırma kabında un, hazır maya ve tuzu birleştirin.
b) Ayrı bir kapta ılık sütü, yumurtaları ve vanilya özünü çırpın.
c) Islak malzemeleri kuru malzemelerin içine dökün ve iyice birleşene kadar karıştırın.
ç) Yumuşatılmış tereyağını hamura ekleyin ve tamamen karışana kadar yoğurun.
d) Hamur yapışkan bir kıvamda olacak.
e) Kaseyi plastik ambalajla örtün ve hamurun yaklaşık 1 saat veya boyutu iki katına çıkana kadar kabarmasını bekleyin.
f) Hamur kabardıktan sonra inci şekerini yavaşça katlayın.
g) Waffle demirinizi talimatlara göre önceden ısıtın .
ğ) Waffle demirini pişirme spreyi veya eritilmiş tereyağıyla yağlayın.
h) Hamurdan avuç içi büyüklüğünde parçalar alıp top haline getirin. Topu önceden ısıtılmış waffle demirinin üzerine yerleştirin.
ı) Kapağı kapatın ve waffle'ları yaklaşık 3-5 dakika veya altın kahverengi ve karamelize olana kadar pişirin.
i) Waffle'ları ütüden çıkarın ve kalan hamurla aynı işlemi tekrarlayın.
j) Liege waffle'larını oldukları gibi sıcak olarak veya çırpılmış krema, çikolata kreması veya meyve kompostosu gibi favori malzemelerinizle birlikte servis edin.

ATIŞTIRMALIKLAR VE MEZELER

10. Yiyecek Kamyonu Kızarmış Mantı

İÇİNDEKİLER:
- 1 paket (yaklaşık 24 ons) dondurulmuş peynirli mantı
- 2 su bardağı İtalyan usulü ekmek kırıntısı
- 1 su bardağı rendelenmiş parmesan peyniri
- 2 yumurta, dövülmüş
- 1/4 su bardağı süt
- Kızartmak için bitkisel yağ
- Daldırma için Marinara sosu

TALİMATLAR:

a) Dondurulmuş mantıyı paket talimatlarına göre pişirin, ardından süzün ve hafifçe soğumaya bırakın.

b) Sığ bir tabakta İtalyan usulü galeta unu ve rendelenmiş Parmesan peynirini birleştirin.

c) Başka bir sığ tabakta yumurtaları ve sütü bir yumurta yıkaması oluşturmak için çırpın.

ç) Her mantıyı yumurta yıkamasına batırın, ardından ekmek kırıntısı karışımıyla eşit şekilde kaplayın.

d) Yaklaşık 1 inç bitkisel yağı derin bir tavada veya tencerede 350°F'ye (175°C) ısıtın.

e) Tavada aşırı kalabalıklaşmayı önlemek için gruplar halinde çalışarak panelenmiş mantıyı sıcak yağa dikkatlice yerleştirin.

f) Mantıyı her tarafı 2-3 dakika veya altın rengi kahverengi ve çıtır olana kadar kızartın.

g) Kızaran mantıları delikli bir kaşık kullanarak yağdan çıkarın ve kağıt havluların üzerine boşaltın.

ğ) Kızartılmış mantıyı daldırma için marinara sosuyla sıcak olarak servis edin.

h) Mükemmel bir atıştırmalık veya meze olarak bu çıtır çıtır ve lezzetli mezelerin tadını çıkarın!

11. Yiyecek Kamyonu Mısır Köpekleri

İÇİNDEKİLER:
- 1 su bardağı mısır unu
- 1 fincan çok amaçlı un
- 1/4 su bardağı toz şeker
- 1 yemek kaşığı kabartma tozu
- 1/2 çay kaşığı tuz
- 1 yumurta
- 1 bardak süt
- 8 sosisli sandviç
- Kızartmak için bitkisel yağ

TALİMATLAR:
a) Bir kapta mısır unu, un, şeker, kabartma tozu ve tuzu birleştirin.
b) Başka bir kapta yumurta ve sütü birlikte çırpın.
c) Islak malzemeleri yavaş yavaş kuru malzemelere ekleyin, pürüzsüz hale gelinceye kadar karıştırın.
ç) Sosisli sandviçlerin içine tahta şişleri yerleştirin.
d) Bitkisel yağı derin bir tavada veya tencerede 350°F'ye (175°C) ısıtın.
e) Her bir sosisli sandviçi eşit şekilde kaplayacak şekilde meyilliye batırın.
f) Kaplanmış sosisli sandviçleri sıcak yağın içine dikkatlice yerleştirin ve altın rengi kahverengi olana kadar yaklaşık 3-4 dakika kızartın.
g) Mısır köpeklerini yağdan çıkarın ve kağıt havluların üzerine boşaltın.
ğ) En sevdiğiniz çeşnilerle servis yapın ve bu klasik mısır köpeklerinin tadını çıkarın!

12.Egzotik Beş Baharatlı Tavuk Kanatları

İÇİNDEKİLER:
- 2 kilo tavuk kanadı
- 2 yemek kaşığı soya sosu
- 2 yemek kaşığı bal
- 1 yemek kaşığı susam yağı
- 1 çay kaşığı Çin beş baharat tozu
- 2 diş sarımsak, kıyılmış
- 1 yemek kaşığı rendelenmiş zencefil
- Tatmak için biber ve tuz
- Süslemek için susam ve doğranmış yeşil soğan

TALİMATLAR:
a) Fırınınızı önceden 200°C'ye (400°F) ısıtın ve fırın tepsisini parşömen kağıdıyla kaplayın.
b) Bir kasede soya sosu, bal, susam yağı, beş Çin baharatı tozu, kıyılmış sarımsak, rendelenmiş zencefil, tuz ve karabiberi birlikte çırpın.
c) Tavuk kanatlarını yeniden kapatılabilir büyük bir plastik torbaya veya kaseye yerleştirin.
ç) Marine edilmiş sosu tavuk kanatlarının üzerine dökün, eşit şekilde kaplandıklarından emin olun. En iyi sonuçları elde etmek için buzdolabında en az 30 dakika veya gece boyunca marine edin.
d) Marine edilmiş tavuk kanatlarını hazırlanan fırın tepsisine tek kat halinde yerleştirin.
e) Önceden ısıtılmış fırında 35-40 dakika, pişirme işleminin yarısında çevirerek, kanatlar pişene ve altın rengi kahverengi olana kadar pişirin.
f) Pişirdikten sonra garnitür olarak susam ve doğranmış yeşil soğan serpin.
g) Sıcak servis yapın ve egzotik beş baharatlı tavuk kanatlarınızın tadını çıkarın!

13. New Orleans Beignets

İÇİNDEKİLER:
- 1 bardak su
- 1/2 su bardağı tuzsuz tereyağı
- 1/4 su bardağı toz şeker
- 1/2 çay kaşığı tuz
- 1 fincan çok amaçlı un
- 4 büyük yumurta
- Kızartmak için bitkisel yağ
- Üzeri için pudra şekeri

TALİMATLAR:
a) Bir tencerede su, tereyağı, şeker ve tuzu birleştirin. Orta ateşte kaynatın.
b) Isıyı en aza indirin ve karışım bir top oluşana kadar unu ilave edin.
c) Ateşten alın ve 5 dakika soğumaya bırakın.
ç) Yumurtaları birer birer pürüzsüz ve iyice birleşene kadar çırpın.
d) Bitkisel yağı derin bir fritözde veya büyük bir tencerede 190°C'ye (375°F) ısıtın.
e) Hamurdan kaşık dolusu kızgın yağın içine atın ve her tarafı yaklaşık 2-3 dakika altın rengi oluncaya kadar kızartın.
f) Yağdan çıkarın ve kağıt havluların üzerine boşaltın.
g) Henüz sıcakken üzerine pudra şekeri serpin.
ğ) Sıcak servis yapın ve bu enfes New Orleans pancarlarının tadını çıkarın!

14.Kızarmış Meksika Mantısı

İÇİNDEKİLER:
- Mağazadan satın alınan mantı (peynir veya dana dolgusu)
- 2 bardak ekmek kırıntısı
- 2 yumurta, dövülmüş
- 1 çay kaşığı biber tozu
- 1/2 çay kaşığı kimyon
- Kızartmak için bitkisel yağ
- Daldırma için salsa

TALİMATLAR:
a) Mantıyı paket talimatlarına göre pişirin, ardından süzün ve hafifçe soğumaya bırakın.
b) Sığ bir tabakta galeta unu, kırmızı biber ve kimyonu karıştırın.
c) Pişen mantıların her birini çırpılmış yumurtalara batırın, ardından galeta unu karışımıyla kaplayın.
ç) Bitkisel yağı bir tavada orta ateşte ısıtın.
d) Panelenmiş mantıyı sıcak yağda, her iki tarafı da altın rengi kahverengi ve çıtır olana kadar, her tarafı yaklaşık 2-3 dakika kızartın.
e) Yağdan çıkarın ve kağıt havluların üzerine boşaltın.
f) Kızartılmış Meksika mantısını daldırma için salsa ile sıcak olarak servis edin.
g) Çıtır çıtır ve lezzetli kızarmış Meksika mantısının tadını çıkarın!

15. Yüklü Çekilmiş Domuz Bardakları

İÇİNDEKİLER:

- 1 lb çekilmiş domuz eti
- 12 adet küçük mısır ekmeği
- 1 su bardağı rendelenmiş kaşar peyniri
- 1/2 bardak doğranmış domates
- 1/4 su bardağı doğranmış kırmızı soğan
- 1/4 bardak doğranmış kişniş
- Üzerine sürmek için barbekü sosu

TALİMATLAR:

a) Fırınınızı önceden 375°F (190°C) ısıtın.
b) Her bir mısır tortillasını muffin kalıbının bardaklarına bastırarak bir bardak şekli oluşturun.
c) Tortillaları 10-12 dakika veya çıtır çıtır olana kadar pişirin.
ç) Her tortilla kabını çekilmiş domuz eti ile doldurun.
d) Üzerine rendelenmiş kaşar peyniri, doğranmış domates, kırmızı soğan ve doğranmış kişnişi ekleyin.
e) Barbekü sosunu gezdirin.
f) 5 dakika daha veya peynir eriyip kabarcıklanıncaya kadar pişirin.
g) Fırından çıkarın ve servis yapmadan önce biraz soğumasını bekleyin.
ğ) Lezzetli bir atıştırmalık veya meze olarak bu lezzetli ve dolu çekilmiş domuz eti kaplarının tadını çıkarın!

16.Banh Mi Şiş

İÇİNDEKİLER:

- 1 lb. kemiksiz, derisiz tavuk budu, küp şeklinde kesilmiş
- 1/4 bardak soya sosu
- 2 yemek kaşığı balık sosu
- 2 yemek kaşığı bal
- 2 diş sarımsak, kıyılmış
- 1 çay kaşığı rendelenmiş zencefil
- Suya batırılmış tahta şişler
- dilimlenmiş salatalık
- Turşu havuç ve daikon
- Taze kişniş yaprakları
- Dilimlenmiş jalapenos
- Baget veya Fransız ekmeği, dilimlenmiş

TALİMATLAR:

a) Bir kasede soya sosunu, balık sosunu, balı, kıyılmış sarımsağı ve rendelenmiş zencefili karıştırarak marineyi hazırlayın.
b) Küp şeklinde kesilmiş tavuk butlarını marineye ekleyin ve kaplayın. En az 30 dakika marine edelim.
c) Marine edilmiş tavukları ıslatılmış tahta şişlere geçirin.
ç) Izgaranızı veya ızgara tavanızı orta-yüksek ateşte önceden ısıtın.
d) Tavuk şişlerinin her iki tarafını da 3-4 dakika veya tamamen pişip hafifçe kömürleşene kadar ızgarada pişirin.
e) Her şişin üzerine dilimlenmiş salatalık, havuç turşusu ve daikon, taze kişniş yaprağı ve dilimlenmiş jalapenos koyarak banh mi şişlerini birleştirin.
f) Şişleri dilimlenmiş baget veya Fransız ekmeği ile servis edin.
g) Lezzetli bir meze veya ana yemek olarak lezzetli banh mi şişlerinizin tadını çıkarın!

17. Domuz Etli ve Sebzeli Çin Böreği

İÇİNDEKİLER:
- Çin böreği ambalajları (Asya marketlerinde mevcuttur)
- Pişmiş domuz eti, kıyılmış veya ince dilimlenmiş
- Paket talimatlarına göre pişirilmiş ince pirinç eriştesi
- Kıyılmış marul
- Rendelenmiş havuç
- Salatalık, jülyen doğranmış
- Taze nane yaprakları
- Taze kişniş yaprakları
- Daldırma için soya sosu veya kuru üzüm sosu

TALİMATLAR:
a) Temiz bir çalışma yüzeyi ve bir kase ılık su hazırlayın.
b) Yaylı rulo ambalajını esnek hale gelinceye kadar birkaç saniye ılık suya batırın.
c) Yumuşatılmış ambalajı çalışma yüzeyine yerleştirin.
ç) Ambalajın ortasına pişmiş domuz eti, pirinç eriştesi, kıyılmış marul, kıyılmış havuç, jülyen doğranmış salatalık, nane yaprakları ve kişniş yapraklarını katlayın.
d) Ambalajın kenarlarını dolgunun üzerine katlayın, ardından dolguyu kapatmak için sıkıca yuvarlayın.
e) Daha fazla bahar rulosu yapmak için kalan malzemelerle aynı işlemi tekrarlayın.
f) Domuz eti ve sebze böreklerini daldırma için soya sosu veya kuru üzüm sosuyla servis edin.
g) Taze ve lezzetli bahar rulolarınızın tadını çıkarın!

18.Buffalo Tavuk Kanatları

İÇİNDEKİLER:
- 2 kilo tavuk kanadı
- 1/2 bardak acı sos (Frank's RedHot gibi)
- 1/4 bardak tuzsuz tereyağı, eritilmiş
- 1 yemek kaşığı beyaz sirke
- 1/2 çay kaşığı Worcestershire sosu
- Kereviz çubukları
- Daldırma için çiftlik veya mavi peynir sosu

TALİMATLAR:
a) Fırınınızı 200°C'ye (400°F) önceden ısıtın.
b) Bir fırın tepsisini parşömen kağıdıyla hizalayın.
c) Buffalo sosunu hazırlamak için bir kasede acı sos, eritilmiş tereyağı, sirke ve Worcestershire sosunu birlikte çırpın.
ç) Tavuk kanatlarını hazırlanan fırın tepsisine yerleştirin ve 45-50 dakika, yarıya kadar çevirerek, çıtır çıtır ve tamamen pişene kadar pişirin.
d) Kanatlar piştikten sonra geniş bir kaseye aktarın ve eşit şekilde kaplanana kadar bufalo sosuyla karıştırın.
e) Bufalo kanatlarını kereviz çubukları ve daldırma için çiftlik veya mavi peynir sosuyla sıcak olarak servis edin.
f) Lezzetli bufalo tavuk kanatlarınızın tadını çıkarın!

19.Yiyecek Kamyonu Samosaları

İÇİNDEKİLER:
- 2 fincan çok amaçlı un
- 1/4 su bardağı bitkisel yağ
- 1/2 çay kaşığı tuz
- Su (hamur için)
- 2 su bardağı patates püresi
- 1 su bardağı dondurulmuş bezelye, çözülmüş
- 1 soğan, ince doğranmış
- 2 diş sarımsak, kıyılmış
- 1 yemek kaşığı köri tozu
- 1 çay kaşığı öğütülmüş kimyon
- 1 çay kaşığı öğütülmüş kişniş
- Tatmak için biber ve tuz
- Kızartmak için bitkisel yağ

TALİMATLAR:

a) Büyük bir kapta un, bitkisel yağ ve tuzu birleştirin. Yavaş yavaş su ekleyerek pürüzsüz bir hamur oluşana kadar yoğurun. Üzerini nemli bir bezle örtüp 30 dakika dinlenmeye bırakın.
b) Ayrı bir kapta patates püresini ve bezelyeyi karıştırın.
c) Bir tavada bir miktar bitkisel yağı orta ateşte ısıtın. Doğranmış soğanı ve sarımsağı ekleyip yumuşayana kadar soteleyin.
ç) Köri tozunu, öğütülmüş kimyonu, öğütülmüş kişnişi, tuzu ve karabiberi karıştırın. Bir dakika daha pişirin.
d) Soğan karışımını patates püresine ve bezelyeye ekleyin ve iyice karıştırın.
e) Hamuru küçük toplara bölün. Her topu ince bir daireye yuvarlayın.
f) Yarım daire oluşturmak için her daireyi ikiye bölün.
g) Her yarım dairenin yarısına birer kaşık patates dolgusu koyun.
ğ) Hamurun diğer yarısını bir üçgen oluşturacak şekilde dolgunun üzerine katlayın. Kapatmak için kenarlara bastırın.
h) Bitkisel yağı derin bir fritözde veya büyük bir tavada orta ateşte ısıtın. Samosaları, altın rengi kahverengi ve çıtır olana kadar, her tarafı yaklaşık 3-4 dakika olmak üzere gruplar halinde kızartın.
ı) Yağdan çıkarın ve kağıt havluların üzerine boşaltın.
i) Tercihinize göre Hint turşusu veya daldırma sos ile sıcak olarak servis yapın. Ev yapımı samosalarınızın tadını çıkarın!

20.Buffalo Makarna ve Peynir Lokmaları

İÇİNDEKİLER:
- 1 lb dirsek makarna, pişirilmiş ve süzülmüş
- 2 su bardağı rendelenmiş kaşar peyniri
- 1/2 su bardağı süt
- 1/4 bardak tereyağı
- 2 yemek kaşığı çok amaçlı un
- 1/4 bardak acı sos (Frank's RedHot gibi)
- 2 yumurta, dövülmüş
- 1 bardak ekmek kırıntısı
- Kızartmak için bitkisel yağ
- Daldırma için çiftlik veya mavi peynir sosu

TALİMATLAR:

a) Bir tencerede orta ateşte tereyağını eritin. Meyane yapmak için unu karıştırın ve 1-2 dakika pişirin.
b) Yavaş yavaş sütü pürüzsüz hale gelinceye kadar çırpın. Sürekli karıştırarak koyulaşana kadar yaklaşık 5 dakika pişirin.
c) Ateşten alın ve rendelenmiş çedar peynirini eriyene ve pürüzsüz hale gelinceye kadar karıştırın.
ç) İyice birleşene kadar sıcak sosu karıştırın.
d) Büyük bir kapta pişmiş makarnayı peynir sosuyla birleştirin ve eşit şekilde kaplanana kadar karıştırın.
e) Makarna ve peynir karışımını bir fırın tepsisine aktarın ve sertleşinceye kadar yaklaşık 1 saat buzdolabında saklayın.
f) Makarna ve peynir sertleştiğinde, küçük bir kurabiye kepçesi veya kaşık kullanarak toplar oluşturun.
g) Her bir topu çırpılmış yumurtaya batırın, ardından galeta unu ile kaplayın.
ğ) Bitkisel yağı derin bir fritözde veya büyük bir tencerede 350°F'ye (175°C) ısıtın.
h) Makarna ve peynir toplarını sıcak yağda altın rengi kahverengi ve çıtır olana kadar yaklaşık 2-3 dakika kızartın.
ı) Yağdan çıkarın ve kağıt havluların üzerine boşaltın.
i) Manda makarnasını ve peynir parçalarını daldırmak için çiftlik veya mavi peynir sosuyla sıcak olarak servis edin.
j) Lezzetli ve çıtır manda makarnanızın ve peynirli lokmalarınızın tadını çıkarın!

21.Yiyecek Kamyonu Domuz eti Satay

İÇİNDEKİLER:

- 1 lb domuz bonfile, ince şeritler halinde kesilmiş
- 1/4 bardak soya sosu
- 2 yemek kaşığı esmer şeker
- 2 diş sarımsak, kıyılmış
- 1 yemek kaşığı rendelenmiş zencefil
- 1 yemek kaşığı limon suyu
- Suya batırılmış tahta şişler

TALİMATLAR:

a) Bir kasede soya sosunu, esmer şekeri, kıyılmış sarımsağı, rendelenmiş zencefili ve limon suyunu karıştırarak marineyi hazırlayın.

b) Domuz şeritlerini marineye ekleyin ve kaplayın. En az 30 dakika marine edelim.

c) Izgaranızı veya ızgara tavanızı orta-yüksek ateşte önceden ısıtın.

ç) Marine edilmiş domuz eti şeritlerini ıslatılmış tahta şişlerin üzerine geçirin.

d) Domuz eti satay şişlerinin her iki tarafını da 3-4 dakika veya iyice pişip hafifçe kömürleşene kadar ızgarada pişirin.

e) Domuz satayını fıstık sosu veya tatlı biber sosu gibi en sevdiğiniz daldırma sosuyla sıcak olarak servis edin.

f) Lezzetli domuz satayınızın tadını çıkarın!

22.Jalapeno Popper Meksika Sokak Mısırı

İÇİNDEKİLER:

- 4 başak mısır, kabuğu çıkarılmış
- 1/4 bardak mayonez
- 1/4 bardak ekşi krema
- 1/2 su bardağı rendelenmiş parmesan peyniri
- 2 jalapeno biber, çekirdekleri çıkarılmış ve doğranmış
- 2 yemek kaşığı doğranmış taze kişniş
- 1 yemek kaşığı limon suyu
- Tatmak için biber ve tuz
- Pul biber (isteğe bağlı)

TALİMATLAR:

a) Izgaranızı orta-yüksek ateşte önceden ısıtın.
b) Mısırları ara sıra çevirerek her tarafı hafifçe kızarana kadar yaklaşık 8-10 dakika ızgarada pişirin.
c) Bir kapta mayonez, ekşi krema, Parmesan peyniri, doğranmış jalapeno biberi, doğranmış kişniş, limon suyu, tuz ve karabiberi karıştırın.
ç) Izgara mısırı mayonez karışımıyla fırçalayın ve eşit şekilde kaplayın.
d) İstenirse pul biber serpilir.
e) Hemen servis yapın ve lezzetli jalapeno patlıcanlı Meksika sokak mısırınızın tadını çıkarın!

23.Doldurulmuş PB&J Fransız Tostu Kabobs

İÇİNDEKİLER:

- Kalın ekmek dilimleri (börek veya challah gibi)
- Fıstık ezmesi
- Dilediğiniz jöle veya reçel
- Yumurtalar
- Süt
- Tarçın (isteğe bağlı)
- Kızartmak için tereyağı veya sıvı yağ
- Kebap montajı için taze meyveler (çilek veya muz gibi)
- Servis için akçaağaç şurubu

TALİMATLAR:

a) Bir dilim ekmeğin üzerine fıstık ezmesini, diğer dilime ise jöle veya reçel sürün. Bir sandviç oluşturmak için dilimleri birbirine bastırın.
b) Sandviçi ısırık büyüklüğünde parçalar halinde kesin.
c) Fransız tostunu hazırlamak için sığ bir tabakta yumurtaları, sütü ve tarçını (kullanılıyorsa) birlikte çırpın.
ç) Her sandviç parçasını Fransız tostu hamuruna batırın ve her tarafının kaplandığından emin olun.
d) Tereyağı veya yağı bir tavada orta ateşte ısıtın.
e) Fransız tostu parçalarını altın rengi kahverengi olana kadar kızartın ve pişirme işleminin yarısında çevirerek iyice pişirin.
f) Piştikten sonra ocaktan alın ve biraz soğumaya bırakın.
g) Kebap yapmak için Fransız usulü tost parçalarını ve taze meyveleri şişlere geçirin.
ğ) Doldurulmuş PB&J Fransız usulü kızarmış ekmek kebaplarını daldırma için akçaağaç şurubu ile servis edin.
h) Eğlenceli ve lezzetli kahvaltı kebaplarınızın tadını çıkarın!

24. Çubukta Kızartılmış Şeker Çubukları

İÇİNDEKİLER:
- Çeşitli şeker çubukları (Snickers, Samanyolu, Twix, vb.)
- Çöp şiş
- 1 fincan çok amaçlı un
- 1/2 bardak mısır nişastası
- 1 çay kaşığı kabartma tozu
- 1/4 çay kaşığı tuz
- 1 bardak soğuk su
- Kızartmak için bitkisel yağ
- Üzerine serpmek için pudra şekeri (isteğe bağlı)

TALİMATLAR:
a) Tahta şişleri şeker çubuklarının içine yerleştirin ve çubuğu tutacak kadar yer bırakın.
b) Hamuru hazırlamak için bir kapta un, mısır nişastası, kabartma tozu, tuz ve soğuk suyu birlikte çırpın.
c) Bitkisel yağı derin bir fritözde veya büyük bir tencerede 190°C'ye (375°F) ısıtın.
ç) Her bir şeker çubuğunu bir çubuğa batırın ve eşit şekilde kaplandığından emin olun.
d) Kaplanmış şeker çubuklarını dikkatlice sıcak yağa yerleştirin ve altın rengi kahverengi olana kadar yaklaşık 2-3 dakika kızartın.
e) Yağdan çıkarın ve kağıt havluların üzerine boşaltın.
f) İstenirse pudra şekeri serpilir.
g) Sıcak servis yapın ve bu leziz, derin yağda kızartılmış şeker çubuklarının tadını bir çubuk üzerinde çıkarın!

25. Felafel

İÇİNDEKİLER:

- 1 su bardağı pişmiş kuru nohut
- 1 diş sarımsak, hafifçe ezilmiş
- 1 orta boy soğan, doğranmış
- 1 çay kaşığı öğütülmüş kişniş
- 1 çay kaşığı öğütülmüş kimyon
- 1-1/2 çay kaşığı acı biber tozu
- 1/2 su bardağı kıyılmış maydanoz yaprağı
- 1/2 çay kaşığı tuz
- 1/2 çay kaşığı karabiber
- 1 tam limonun suyu, sıkılmış
- Kızartmak için kanola veya mısır yağı

TALİMATLAR:

a) Nohutları mutfak robotunun kasesine yerleştirin. Yağ hariç kalan malzemeleri ekleyin. Kasenin kenarlarını aşağıya doğru kazıyarak, ince bir şekilde doğranana ancak püre haline gelmeyene kadar nabız atın.

b) Karışımın bir top oluşturmasını sağlamak için gerekirse ıslatma suyu ekleyin; yumuşak bir macun yapmayın.

c) Yaklaşık iki inç yağı büyük, derin bir tencereye en az iki inç derinliğe kadar koyun. Yağı yaklaşık 350°F'ye ısıtın.

ç) Yemek kaşığı hamurdan top veya küçük köfte şekli verin. Gerektiğinde çevirerek, kızarana kadar gruplar halinde kızartın.

d) Pişirme süresi beş dakika olacaktır. Doğranmış salatalık, domates ve humus sosuyla pide ekmeğinde sıcak olarak servis yapın.

26.Koyun Kebapları

İÇİNDEKİLER:

- 3 kilo kuzu
- 6 yemek kaşığı limon suyu
- 2 orta boy doğranmış soğan
- 3 yemek kaşığı ince kıyılmış kişniş
- 1 yemek kaşığı öğütülmüş kişniş tohumu
- 3 diş sarımsak ince kıyılmış
- 1 çay kaşığı tuz
- 1 çay kaşığı acı biber

TALİMATLAR:

a) Kuzu eti dışındaki tüm malzemeleri bir cam kasede birleştirin ve iyice karıştırın. Kuzu küplerini ekleyin ve iyice atın.

b) Karışımı ara sıra karıştırarak en az 12 saat boyunca buzdolabında gece boyunca soğumaya bırakın. Marinayı boşaltın.

c) Eti hafifçe tuz serpin ve parçaları metal şişin üzerine geçirin. Onları kalabalıklaştırmayın. Parçalar birbirine temas etmemelidir.

ç) Eti ne kadar nadir sevdiğinize bağlı olarak, kuzuyu alevden en az 4 inç uzakta 7-12 dakika ızgaralayın veya kızartın. Tatmak için tuz ve kırmızı biber serpin.

d) Garnitür için ince dilimlenmiş soğanı sığ bir kase beyaz sirkede marine edin.

27.Pakoralar

İÇİNDEKİLER:

- 1 orta boy patlıcan
- 7 ons nohut unu
- 1 çay kaşığı tuz
- 1/2 çay kaşığı biber tozu (veya tadı)
- 1/2 çay kaşığı öğütülmüş zerdeçal
- 1 su bardağı soğuk su az veya çok
- Kızartmak için 1 su bardağı bitkisel yağ

TALİMATLAR:

a) Sebzeleri yaklaşık 1/4 inç kalınlığında ve 2 inç çapında dilimler halinde kesin ve bir kenara koyun.
b) Nohut unu, tuz, kırmızı biber tozu ve zerdeçal tozunu geniş bir kapta birleştirin. Kalın bir hamur elde etmek için yeterli suyu karıştırın.
c) Yağı bir wok veya derin tavada duman çıkana kadar ısıtın. Sebze dilimlerini hamura karıştırıp teker teker yağın içine atın ve altın rengi kahverengi olana kadar pişirin (hamuru sıçratmamaya dikkat edin, kalıcı leke bırakabilir)
ç) Pişen sebzeleri oluklu bir kaşıkla çıkarın ve fazla yağını boşaltın.
d) Domates turşusu veya ketçapla sıcak olarak servis yapın.

28. Souvlaki

İÇİNDEKİLER:

- 1 pound domuz bonfile veya omuz, bir inçlik küpler halinde kesilmiş

MARİNA

- 1 diş sarımsak
- 1/4 su bardağı zeytinyağı
- 1 yemek kaşığı kurutulmuş kekik
- 1 defne yaprağı, ufalanmış
- 2 yemek kaşığı limon suyu
- 1/2 bardak kırmızı şarap
- Tatmak için biber ve tuz
- Pişirme sırasında yanmaması için birkaç saat suda bekletilen tahta şişler.

TALİMATLAR:

a) Barbeküyü veya ızgarayı yüksek derecede ısıtın.
b) Marine edilmiş tüm malzemeleri bir cam kasede birleştirin, etin üzerine dökün ve iyice karıştırın. Birkaç saat veya gece boyunca örtün ve buzdolabında saklayın.
c) Her şişin üzerine beş veya altı parça et koyarak eti şişleyin. Isıyı orta dereceye düşürün ve iyice piştiklerinden emin olmak için ara sıra çevirerek 10-15 dakika pişirin.
ç) Pide ekmeği ve cacık sos ile servis yapın.

29.Patates Kroketleri

İÇİNDEKİLER:
- 2 pound (yaklaşık 1 kg) kırmızı patates, soyulmuş ve parçalar halinde kesilmiş
- 2 yemek kaşığı. tuzsuz tereyağı
- 1/2 bardak tam yağlı süt
- 2 yumurta sarısı
- Tatmak için biber ve tuz
- 1 fincan çok amaçlı un
- 2 yumurta, dövülmüş
- 2 bardak ekmek kırıntısı
- Kızartmak için bitkisel yağ

TALİMATLAR:

a) Soyulmuş ve kesilmiş patatesleri büyük bir tencerede tuzlu suya koyun. Suyu kaynatın ve patatesleri çatalla yumuşayana kadar yaklaşık 15-20 dakika pişirin.

b) Haşlanan patatesleri süzüp tekrar tencereye alın. Tencereye tereyağı, süt ve yumurta sarısını ekleyin. Patatesleri ezin ve pürüzsüz ve iyice birleşene kadar her şeyi karıştırın. Tatmak için tuz ve karabiber ekleyin.

c) Parşömen kağıdıyla kaplı bir fırın tepsisine patates karışımını yayın. Yüzeyi düzeltin ve tamamen soğumasını bekleyin. Patates karışımını en az 1 saat veya sertleşip kullanımı kolay hale gelinceye kadar buzdolabında saklayın.

ç) Patates karışımı soğuyup sertleştikten sonra, yaklaşık 2-3 inç uzunluğunda silindirler veya dikdörtgen şekiller halinde şekillendirin.

d) Üç sığ kase veya tabaktan oluşan bir ekmekleme istasyonu kurun. Birine unu, diğerine çırpılmış yumurtayı, üçüncüsüne de galeta ununu koyun.

e) Her bir patates silindirini hafifçe kaplamak için una bulayın, ardından çırpılmış yumurtalara batırın ve son olarak galeta unu ile eşit şekilde kaplayın. Bütün patates kroketleri kızarana kadar bu işlemi tekrarlayın.

f) Bitkisel yağı derin bir tavada veya fritözde yaklaşık 350°F (175°C) sıcaklığa ısıtın.

g) Panelenmiş patates kroketlerini, tavanın aşırı kalabalıklaşmasını önlemek için gruplar halinde çalışarak dikkatlice sıcak yağa indirin. Yaklaşık 4-5 dakika veya altın kahverengi ve gevrek oluncaya kadar kızartın. Bunları yağdan çıkarmak için oluklu bir kaşık veya maşa kullanın ve fazla yağı boşaltmak için kağıt havluyla kaplı bir tabağa aktarın.

ğ) Patates kroketlerinin tamamı pişene kadar kızartma işlemini tekrarlayın.

h) Garnitür veya meze olarak servis yapın. Mayonez, ketçap veya aioli gibi dip soslarla iyi uyum sağlarlar.

30.Fricadelles

İÇİNDEKİLER:

- 1 kiloluk kıyma
- 1 pound kıyma domuz eti
- 1 soğan, ince doğranmış
- 2 diş sarımsak, kıyılmış
- 1/4 bardak ekmek kırıntısı
- 2 yemek kaşığı. taze maydanoz, doğranmış
- 1 çay kaşığı. öğütülmüş hindistan cevizi
- 1 çay kaşığı. öğütülmüş kırmızı biber
- 1 çay kaşığı. tuz
- 1/2 çay kaşığı. karabiber
- 2 yumurta
- Kızartmak için bitkisel yağ

TALİMATLAR:

a) Büyük bir karıştırma kabında kıymayı ve kıymayı birleştirin.

b) Et karışımına doğranmış soğanı, kıyılmış sarımsağı, galeta unu, taze maydanozu, öğütülmüş hindistan cevizini, öğütülmüş kırmızı biberi, tuzu ve karabiberi ekleyin.

c) Tüm malzemeler eşit şekilde birleşene kadar iyice karıştırın.

ç) Yumurtaları kaseye kırın ve yumurtalar et karışımına tamamen karışıncaya kadar tekrar karıştırın.

d) Et karışımını yaklaşık 3-4 inç uzunluğunda ve 1 inç kalınlığında küçük sosis benzeri şekillerde şekillendirin.

e) Bitkisel yağı büyük bir tavada veya kızartma tavasında orta ateşte ısıtın.

f) Tavayı aşırı doldurmamaya dikkat ederek fricadelleri sıcak yağa dikkatlice yerleştirin. Gerekirse bunları gruplar halinde kızartın.

g) Fricadelles'in her tarafını yaklaşık 4-5 dakika veya altın kahverengi olana ve tamamen pişene kadar pişirin.

ğ) Pişirdikten sonra fricadelleri fazla yağı emmesi için kağıt havluyla kaplı bir tabağa aktarın.

h) Fricadelles'i ana yemek olarak veya sokak yemeği atıştırmalık olarak sıcak olarak servis edin. Tek başına tüketilebileceği gibi patates kızartması, dip sos veya ekmek rulosunda sandviç olarak da servis edilebilir.

SANDVİÇLER VE BURGERLER

31.Yemek Kamyonu Özensiz Joe Köpekler

İÇİNDEKİLER:

- 8 sosisli çörek
- 8 sosisli sandviç
- 1 kiloluk kıyma
- 1 soğan, doğranmış
- 1 dolmalık biber, doğranmış
- 1 bardak ketçap
- 2 yemek kaşığı esmer şeker
- 1 yemek kaşığı Worcestershire sosu
- Tatmak için biber ve tuz

TALİMATLAR:

a) Orta ateşte büyük bir tavada kıymayı kızarıncaya kadar pişirin, pişerken bir kaşıkla parçalara ayırın.

b) Tavaya küp küp doğradığınız soğanı ve biberi ekleyip yumuşayıncaya kadar pişirin.

c) Ketçap, esmer şeker, Worcestershire sosu, tuz ve karabiberi karıştırın. Ara sıra karıştırarak 10 dakika pişirin.

ç) Özensiz joe karışımı kaynarken, sosisli sandviçleri paket talimatlarına göre ızgaralayın veya ısıtın.

d) Her çöreğe bir sosisli sandviç koyun, ardından üzerine bol miktarda özensiz joe karışımı ekleyin.

e) Hemen servis yapın ve dağınık, lezzetli özensiz Joe köpeklerinizin tadını çıkarın!

32. Fesleğenli Tavuklu Sandviçler

İÇİNDEKİLER:
- 2 kemiksiz, derisiz tavuk göğsü
- Tatmak için biber ve tuz
- Zeytin yağı
- 4 ciabatta rulo veya sandviç çöreği
- Pesto Sos
- Taze fesleğen yaprakları
- Dilimlenmiş domates
- Dilimlenmiş mozarella peyniri

TALİMATLAR:
a) Tavuk göğüslerini tuz ve karabiberle tatlandırın.
b) Bir ızgarayı veya ızgara tavasını orta-yüksek ateşte ısıtın.
c) Tavuk göğüslerini zeytinyağıyla fırçalayın.
ç) Tavuğun her iki tarafını da 6-8 dakika veya tamamen pişene ve ortası pembeleşmeyene kadar ızgarada pişirin.
d) Izgara tavuk göğüslerini ince şeritler halinde dilimleyin.
e) Ciabatta rulolarını veya sandviç çöreklerini bölün ve alt yarılara pesto sosunu sürün.
f) Taze fesleğen yapraklarını, dilimlenmiş domatesleri, ızgara tavuk şeritlerini ve dilimlenmiş mozzarella peynirini pestonun üzerine yerleştirin.
g) Sandviç oluşturmak için ruloların diğer yarısını üstüne yerleştirin.
ğ) Hemen servis yapın ve fesleğenli tavuklu sandviçlerinizin tadını çıkarın!

33.Tavuk & Karamelize Soğanlı Izgara Peynir

İÇİNDEKİLER:
- Dilimlenmiş ekmek (ekmek seçiminiz)
- Pişmiş tavuk göğsü, dilimlenmiş veya rendelenmiş
- Karamelize soğan (dilimlenmiş soğanlar altın rengi kahverengi olana kadar pişirilip karamelize edilir)
- Dilimlenmiş peynir (çedar, İsviçre veya en sevdiğiniz eritme peyniri)
- Tereyağı veya margarin, yumuşatılmış

TALİMATLAR:
a) Bir tavayı veya ızgarayı orta ateşte ısıtın.
b) Her dilim ekmeğin bir tarafını yağlayın.
c) Bir dilim ekmeği tereyağlı kısmı alta gelecek şekilde tavaya yerleştirin.
ç) Ekmek diliminin üzerine pişmiş tavuk göğsü, karamelize soğan ve dilimlenmiş peyniri katlayın.
d) Bir sandviç oluşturmak için üstüne tereyağlı tarafı yukarı gelecek şekilde başka bir dilim ekmek yerleştirin.
e) Ekmeğin alt dilimi altın rengi kahverengi ve gevrek oluncaya ve peynir eriyene kadar pişirin.
f) Sandviçi dikkatlice çevirin ve diğer tarafı altın kahverengi ve gevrek oluncaya kadar pişirin.
g) Tavadan çıkarın ve dilimlemeden önce hafifçe soğumasını bekleyin.
ğ) Tavuğunuzu ve karamelize soğanlı ızgara peynirinizi sıcak olarak servis edin ve duygusal lezzetin tadını çıkarın!

34. Peynirli Jambonlu ve Yumurtalı Sandviçler

İÇİNDEKİLER:
- 4 İngiliz çöreği, bölünmüş ve kızartılmış
- 4 yumurta
- 4 dilim jambon
- 4 dilim peynir (cheddar, İsviçre veya tercihiniz)
- Tereyağı
- Tatmak için biber ve tuz

TALİMATLAR:
a) Bir tavada, orta ateşte biraz tereyağını eritin.
b) Yumurtaları tavaya kırın ve istediğiniz donanıma kadar pişirin (kızarmış, çırpılmış veya haşlanmış).
c) Yumurtaları tuz ve karabiberle tatlandırın.
ç) Bu arada jambon dilimlerini tavada iyice ısınana kadar ısıtın.
d) Her jambon diliminin üzerine bir dilim peynir koyun ve erimesini bekleyin.
e) Sandviçleri birleştirmek için, her İngiliz çöreğinin alt yarısına eritilmiş peynirle birlikte bir dilim jambon koyun.
f) Üzerine pişmiş yumurta ve İngiliz çöreğinin diğer yarısını ekleyin.
g) Sıcak servis yapın ve peynirli jambonlu ve yumurtalı sandviçlerinizin tadını çıkarın!

35.Ev yapımı Özensiz Joes

İÇİNDEKİLER:
- 1 lb kıyma
- 1 soğan, doğranmış
- 1 dolmalık biber, doğranmış
- 2 diş sarımsak, kıyılmış
- 1 bardak ketçap
- 2 yemek kaşığı esmer şeker
- 1 yemek kaşığı Worcestershire sosu
- 1 yemek kaşığı hardal
- Tatmak için biber ve tuz
- Hamburger ekmekleri

TALİMATLAR:
a) Orta ateşteki tavada kıymayı rengi dönene kadar pişirin.
b) Tavaya doğranmış soğanı, dolmalık biberi ve kıyılmış sarımsağı ekleyin ve yumuşayana kadar pişirin.
c) Ketçap, esmer şeker, Worcestershire sosu ve hardalı karıştırın.
ç) Tatmak için tuz ve karabiber ekleyin.
d) Karışımı, ara sıra karıştırarak koyulaşana kadar 10-15 dakika pişirin.
e) İstenirse hamburger ekmeğini kızartın.
f) Ev yapımı pastırma karışımını çöreklerin alt yarısına kaşıkla dökün.
g) Çöreklerin diğer yarısını üstüne koyun.
ğ) Sıcak servis yapın ve lezzetli ev yapımı pastırmalarınızın tadını çıkarın!

36.Limon Soslu Falafel Tavuk Burger

İÇİNDEKİLER:
FALAFEL TAVUK BURGER İÇİN:
- Tavuk kıyması
- Falafel karışımı
- Zeytin yağı
- Burger çörekleri
- Lahana Yaprakları
- Dilimlenmiş domates
- Dilimlenmiş kırmızı soğan
- Tzatziki sosu veya humus (isteğe bağlı)

LİMON SOSU:
- 1/2 bardak Yunan yoğurdu
- 2 yemek kaşığı taze limon suyu
- 1 yemek kaşığı kıyılmış taze maydanoz
- Tatmak için biber ve tuz

TALİMATLAR:

a) Izgaranızı veya ızgara tavanızı orta ateşte önceden ısıtın.
b) Bir kasede öğütülmüş tavuk ve falafel karışımını iyice birleşene kadar karıştırın.
c) Karışımı burger köftesi haline getirin.
ç) Burger köftelerini zeytinyağıyla yağlayın.
d) Tavuk falafel burgerlerin her iki tarafını da 5-6 dakika veya tamamen pişene kadar ızgarada pişirin.
e) Bu arada Yunan yoğurdu, taze limon suyu, kıyılmış maydanoz, tuz ve karabiberi bir kapta karıştırarak limon sosunu hazırlayın. Bir kenara koyun.
f) İstenirse burger ekmeklerini ızgarada kızartın.
g) Burgerleri birleştirmek için her bir çöreğin alt yarısına ızgara tavuk falafel köftesi koyun.
ğ) Üzerine marul yapraklarını, dilimlenmiş domatesleri ve dilimlenmiş kırmızı soğanları ekleyin.
h) Limon sosunu gezdirin.
ı) İsteğe bağlı: Burgerleri birleştirmeden önce her çöreğin üst yarısına cacık sosu veya humus sürün.
i) Sıcak servis yapın ve limon soslu lezzetli falafel tavuk burgerinizin tadını çıkarın!

37.Istakoz Ruloları

İÇİNDEKİLER:
- Pişmiş ıstakoz eti, doğranmış
- mayonez
- Limon suyu
- Doğranmış kereviz
- Tuz ve biber
- Tereyağı
- Sosisli çörekler veya üstü bölünmüş rulolar
- Garnitür için kıyılmış frenk soğanı veya maydanoz

TALİMATLAR:
a) Bir kapta doğranmış ıstakoz etini, mayonezi, limon suyunu, doğranmış kerevizi, tuzu ve karabiberi karıştırın.
b) Tavayı orta ateşte ısıtın ve tereyağını eritin.
c) Sosisli sandviç çöreklerini veya üstü açık ruloları eritilmiş tereyağında altın rengi kahverengi olana kadar kızartın.
ç) Her kızarmış çöreği ıstakoz karışımıyla doldurun.
d) Kıyılmış frenk soğanı veya maydanozla süsleyin.
e) Istakoz rulolarını hemen servis edin.
f) Klasik ve lezzetli ıstakoz rulolarınızın tadını çıkarın!

38.Mısır-Jicama Salsa ile Tavuk Sokağı Tacos

İÇİNDEKİLER:
- 1 pound kemiksiz, derisiz tavuk göğsü, doğranmış
- 2 yemek kaşığı zeytinyağı
- 2 yemek kaşığı taco baharatı
- 8 küçük mısır tortillası
- 1 su bardağı mısır tanesi (taze veya konserve)
- 1 bardak doğranmış jicama
- 1/4 bardak doğranmış kırmızı soğan
- 1/4 su bardağı doğranmış taze kişniş
- 1 misket limonunun suyu
- Tatmak için biber ve tuz

TALİMATLAR:
a) Bir kasede doğranmış tavuğu zeytinyağı ve taco baharatıyla eşit şekilde kaplanana kadar karıştırın.

b) Tavayı orta-yüksek ateşte ısıtın ve terbiyeli tavukları ekleyin. Yaklaşık 5-7 dakika kadar kızarana ve pişene kadar pişirin.

c) Başka bir kapta mısır tanelerini, doğranmış jicama'yı, kırmızı soğanı, kişnişi, limon suyunu, tuzu ve karabiberi birleştirerek salsayı hazırlayın.

ç) Mısır ekmeğini kuru bir tavada veya mikrodalgada ısıtın.

d) Her bir tortillaya bir kaşık dolusu pişmiş tavuk koyarak ve ardından mısır-jicama salsasını ekleyerek tacoları birleştirin.

e) Hemen servis yapın ve bu leziz tavuklu sokak tacolarının tadını çıkarın!

39.Yeşil Domates BLT

İÇİNDEKİLER:
- Dilimlenmiş yeşil domates
- Pastırma dilimleri
- Lahana Yaprakları
- Dilimlenmiş ekmek
- mayonez
- Tatmak için biber ve tuz

TALİMATLAR:
a) Pastırma dilimlerini çıtır çıtır olana kadar pişirin, ardından kağıt havluların üzerine boşaltın.
b) Orta ateşte bir tavada, yeşil domates dilimlerini her iki tarafı da hafif altın rengi kahverengi olana kadar kızartın.
c) Ekmek dilimlerini altın kahverengi olana kadar kızartın.
ç) Her ekmek diliminin bir tarafına mayonez sürün.
d) Kızartılmış yeşil domates dilimlerini, çıtır pastırmayı ve marul yapraklarını ekmek dilimlerinin yarısının üzerine dizin.
e) Tatmak için tuz ve karabiber ekleyin.
f) Sandviçleri tamamlamak için kalan ekmek dilimlerini üstüne ekleyin.
g) Hemen servis yapın ve lezzetli yeşil domatesli BLT'lerinizin tadını çıkarın!

40.Lübnan Sokak Sandviçleri

İÇİNDEKİLER:
- 4 pide ekmeği turu
- 1 lb ince dilimlenmiş pişmiş tavuk veya sığır eti shawarma
- 1 bardak humus
- 1 su bardağı doğranmış domates
- 1 su bardağı doğranmış salatalık
- 1/2 su bardağı kıyılmış maydanoz
- 1/4 su bardağı doğranmış kırmızı soğan
- Tahin sosu (isteğe bağlı)
- Turşu (isteğe bağlı)

TALİMATLAR:
a) Pide ekmeklerini tavada veya mikrodalgada ısıtın.
b) Her pide ekmeğinin üzerine humus sürün.
c) Her pideyi dilimlenmiş tavuk veya dana eti shawarma ile doldurun.
ç) Üzerine doğranmış domates, salatalık, maydanoz ve kırmızı soğan ekleyin.
d) İstenirse tahin sosunu gezdirin ve ekstra lezzet için turşu ekleyin.
e) Sandviçleri katlayıp sıcak olarak servis yapın. Lübnan sokak sandviçlerinin tadını çıkarın!

41.Mangalda Tavuk Salatalı Sandviçler

İÇİNDEKİLER:

- 2 su bardağı pişmiş tavuk göğsü, kıyılmış veya doğranmış
- 1/2 su bardağı barbekü sosu
- 1/4 bardak mayonez
- 1/4 bardak doğranmış kırmızı soğan
- 1/4 bardak doğranmış kereviz
- Tatmak için biber ve tuz
- Sandviç ekmeği veya rulolar
- Lahana Yaprakları
- Dilimlenmiş domates (isteğe bağlı)

TALİMATLAR:

a) Bir kapta pişmiş tavuk göğsü, barbekü sosu, mayonez, doğranmış kırmızı soğan ve doğranmış kerevizi birleştirin. Tavuğu eşit şekilde kaplamak için iyice karıştırın.

b) Tatmak için tuz ve karabiber ekleyin.

c) Tatların birbirine karışmasını sağlamak için tavuk salatası karışımını en az 30 dakika buzdolabında saklayın.

ç) Sandviçleri birleştirmek için bir dilim ekmeğin veya rulonun üzerine bir marul yaprağı koyun.

d) Barbekü tavuklu salata karışımını marulun üzerine kaşıkla dökün.

e) İstenirse dilimlenmiş domates ekleyin.

f) Üstüne başka bir dilim ekmek veya rulonun diğer yarısını koyun.

g) Mangalda tavuklu salata sandviçlerinizi soğuk veya oda sıcaklığında servis edin.

ğ) Lezzetli ve doyurucu sandviçlerinizin tadını çıkarın!

42. General Tso'nun Lahana Salatalı Tavuklu Sandviçi

İÇİNDEKİLER:
GENERAL TSO'NUN TAVUĞU:
- 1 lb. kemiksiz, derisiz tavuk göğsü, ısırık büyüklüğünde parçalar halinde kesilmiş
- 1/2 bardak mısır nişastası
- Tatmak için biber ve tuz
- Kızartmak için bitkisel yağ
- 1/4 bardak soya sosu
- 2 yemek kaşığı kuru üzüm sosu
- 2 yemek kaşığı pirinç sirkesi
- 2 yemek kaşığı bal
- 1 yemek kaşığı susam yağı
- 1 yemek kaşığı mısır nişastası
- 2 diş sarımsak, kıyılmış
- 1 çay kaşığı rendelenmiş zencefil
- 1 tatlı kaşığı toz kırmızı biber (damak tadınıza göre ayarlayın)
- Garnitür için dilimlenmiş yeşil soğan

Brokoli Lahana Salatası:
- 2 bardak brokoli lahana salatası karışımı (rendelenmiş brokoli sapları ve havuç)
- 1/4 bardak mayonez
- 1 yemek kaşığı pirinç sirkesi
- 1 çay kaşığı bal
- Tatmak için biber ve tuz

DİĞERLERİ:
- Sandviç çörekler veya rulolar
- Garnitür için dilimlenmiş salatalık ve kişniş (isteğe bağlı)

TALİMATLAR:

a) Bir kasede, ısırık büyüklüğündeki tavuk parçalarını mısır nişastasıyla eşit şekilde kaplanana kadar atın. Tuz ve karabiberle tatlandırın.
b) Bitkisel yağı bir tavada ısıtın veya orta-yüksek ateşte wok yapın.
c) Kaplanmış tavuk parçalarını, altın rengi kahverengi olana ve parti başına yaklaşık 5-6 dakika tamamen pişene kadar gruplar halinde kızartın. Çıkarın ve kağıt havlu üzerinde süzün.
ç) Ayrı bir kapta soya sosu, kuru üzüm sosu, pirinç sirkesi, bal, susam yağı, mısır nişastası, kıyılmış sarımsak, rendelenmiş zencefil ve ezilmiş kırmızı pul biberi birlikte çırpın.
d) Sos karışımını tavaya veya wok'a dökün ve koyulaşıp kabarcıklar oluşana kadar orta ateşte pişirin.
e) Kızartılmış tavuk parçalarını sosa ekleyin ve eşit şekilde kaplanana kadar karıştırın. 2-3 dakika daha pişirin.
f) Brokoli lahana salatası yapmak için, brokoli lahana salatası karışımını, mayonezi, pirinç sirkesini, balı, tuzu ve karabiberi bir kasede iyice birleşene kadar karıştırın.
g) İsterseniz sandviç çöreklerini veya rulolarını kızartın.
ğ) Sandviçleri birleştirmek için her çöreğin alt yarısına bol miktarda General Tso tavuğu koyun.
h) İstenirse üzerine brokoli salatası ve dilimlenmiş salatalık ve kişniş ekleyin.
ı) Çöreğin üst yarısını örtün.
i) Hemen servis yapın ve lezzetli General Tso'nun tavuklu sandviçinin tadını brokoli salatasıyla çıkarın!

43.Gizli Soslu Burger Sürgüleri

İÇİNDEKİLER:
- 1 lb kıyma
- Kaydırıcı çörekler
- Tatmak için biber ve tuz
- Dilimlenmiş peynir (isteğe bağlı)
- Lahana Yaprakları
- Dilimlenmiş domates
- Dilimlenmiş soğan

GİZLİ SOS İÇİN:
- 1/2 bardak mayonez
- 2 yemek kaşığı ketçap
- 1 yemek kaşığı sarı hardal
- 1 yemek kaşığı tatlı turşu çeşnisi
- 1 çay kaşığı beyaz sirke
- 1/2 çay kaşığı sarımsak tozu
- Tatmak için biber ve tuz

TALİMATLAR:

a) Bir kapta mayonez, ketçap, hardal, tatlı turşu çeşnisi, beyaz sirke, sarımsak tozu, tuz ve karabiberi birleştirin. Gizli sosu hazırlamak için iyice karıştırın.

b) Izgaranızı veya tavanızı orta-yüksek ateşte önceden ısıtın.

c) Kıymayı küçük porsiyonlara bölüp mini köfteler haline getirin. Tuz ve karabiberle tatlandırın.

ç) Köftelerin her iki tarafını da ızgarada veya tavada 2-3 dakika veya istediğiniz donanıma gelinceye kadar pişirin.

d) Peynir kullanıyorsanız, pişirmenin son dakikasında her köftenin üzerine bir dilim koyarak erimesini sağlayın.

e) Kaydırmalı çörekleri ızgarada veya tavada kızartın.

f) Her bir çöreğin alt yarısına bir köfte yerleştirerek kaydırıcıları birleştirin.

g) Üstüne marul, domates dilimleri ve soğan dilimleri ekleyin.

ğ) Gizli sosu her çöreğin üst yarısına yayın.

h) Kaydırıcıları tamamlamak için üst çöreği sosların üzerine yerleştirin.

ı) Hemen servis yapın ve gizli soslu lezzetli burger sürgülerinizin tadını çıkarın!

44.Bang Bang Karidesli Kek Kaydırıcıları

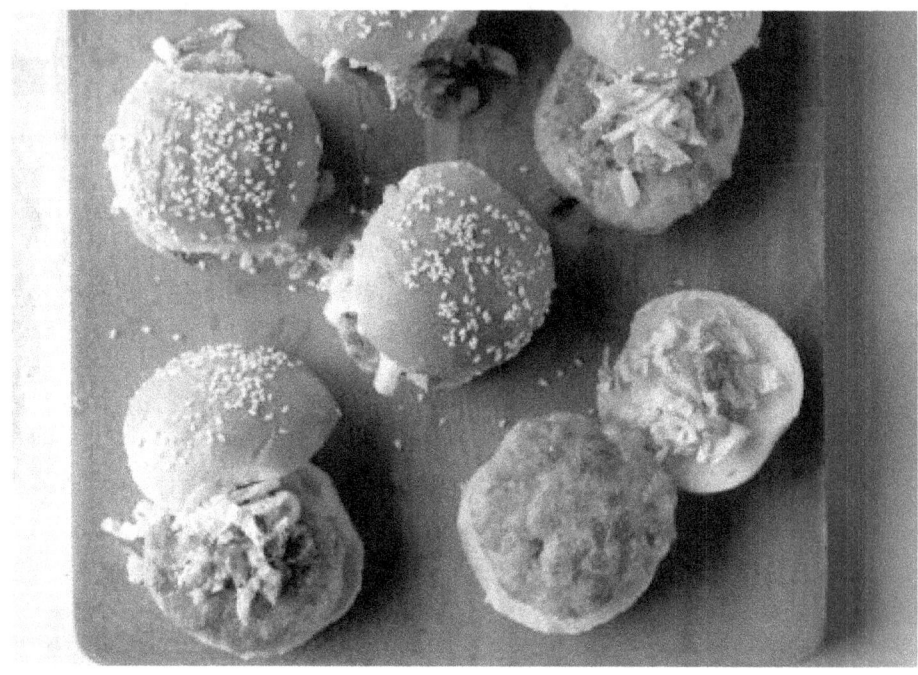

İÇİNDEKİLER:
KARİDES KEKLERİ İÇİN:
- 1 lb karides, soyulmuş ve ayrılmış
- 1 yumurta
- 1/4 bardak mayonez
- 1 yemek kaşığı Sriracha sosu
- 1 yemek kaşığı limon suyu
- 1/4 bardak ekmek kırıntısı
- Tatmak için biber ve tuz
- Kaydırıcı çörekler
- Lahana Yaprakları
- Dilimlenmiş domates

BANG BANG SOSU:
- 1/4 bardak mayonez
- 1 yemek kaşığı tatlı biber sosu
- 1 çay kaşığı Sriracha sosu

TALİMATLAR:

a) Fırınınızı önceden 375°F'ye (190°C) ısıtın ve fırın tepsisini parşömen kağıdıyla kaplayın.
b) Bir mutfak robotunda karidesleri ince bir şekilde doğranana kadar çekin.
c) Bir kasede yumurtayı, mayonezi, Sriracha sosunu ve limon suyunu birlikte çırpın.
ç) Kıyılmış karidesleri, galeta ununu, tuzu ve karabiberi yumurta karışımına ekleyin. İyice birleşene kadar karıştırın.
d) Karides karışımını küçük köfteler haline getirin ve hazırlanan fırın tepsisine yerleştirin.
e) 12-15 dakika veya karidesli kekler tamamen pişip altın rengi kahverengi olana kadar pişirin.
f) Bu arada küçük bir kapta mayonez, tatlı biber sosu ve Sriracha sosunu karıştırarak Bang Bang sosunu hazırlayın.
g) Her kaydırıcı çöreğe bir karidesli kek yerleştirerek kaydırıcıları birleştirin.
ğ) Üzerine marul yaprakları, dilimlenmiş domates ve bir parça Bang Bang sosu ekleyin.
h) Hemen servis yapın ve Bang Bang karidesli kek sürgülerinin tadını çıkarın!

45. Asya Çekilmiş Domuz Etli Sandviçler

İÇİNDEKİLER:
- 2 lbs domuz omuzu veya domuz kıçı
- 1/2 bardak soya sosu
- 1/4 bardak kuru üzüm sosu
- 1/4 bardak bal
- 2 diş sarımsak, kıyılmış
- 1 yemek kaşığı rendelenmiş zencefil
- 1 yemek kaşığı pirinç sirkesi
- 1 çay kaşığı susam yağı
- 1/2 çay kaşığı Çin beş baharat tozu
- Kaydırmalı çörekler veya sandviç ruloları
- Garnitür için dilimlenmiş yeşil soğan

TALİMATLAR:
a) Bir kasede soya sosunu, kuru üzüm sosunu, balı, kıyılmış sarımsağı, rendelenmiş zencefili, pirinç sirkesini, susam yağını ve beş Çin baharatı tozunu karıştırarak marineyi hazırlayın.
b) Domuz omzunu veya domuz kıçını yavaş tencereye yerleştirin.
c) Marine edilmiş etin üzerine eşit şekilde kaplandığından emin olarak dökün.
ç) Kapağını kapatın ve domuz eti yumuşayıncaya ve çatalla kolayca parçalanıncaya kadar 8-10 saat boyunca düşük sıcaklıkta veya 4-6 saat boyunca yüksek sıcaklıkta pişirin.
d) Domuz eti yavaş pişiriciden çıkarın ve iki çatal kullanarak parçalayın.
e) Kıyılmış domuz etini yavaş tencereye geri koyun ve meyve sularına atın.
f) Kaydırmalı çörekleri veya sandviç rulolarını kızartın.
g) Her çöreğin üzerine bol miktarda çekilmiş domuz eti koyun.
ğ) Dilimlenmiş yeşil soğanla süsleyin.
h) Hemen servis yapın ve lezzetli Asya çekilmiş domuz sandviçlerinizin tadını çıkarın!

46.Yarışma Kazanan Bavyera Köftesi Hoagies

İÇİNDEKİLER:
KÖFTE İÇİN:
- 1 lb kıyma
- 1/2 bardak ekmek kırıntısı
- 1/4 su bardağı rendelenmiş parmesan peyniri
- 1 yumurta
- 2 diş sarımsak, kıyılmış
- 1 yemek kaşığı kıyılmış taze maydanoz
- Tatmak için biber ve tuz

SOS İÇİN:
- 1 yemek kaşığı zeytinyağı
- 1 soğan, doğranmış
- 2 diş sarımsak, kıyılmış
- 1 kutu (28 oz) ezilmiş domates
- 1 çay kaşığı kurutulmuş kekik
- 1 çay kaşığı kurutulmuş fesleğen
- Tatmak için biber ve tuz

EK OLARAK:
- Hoagie ruloları
- Dilimlenmiş provolon peyniri
- Garnitür için taze fesleğen yaprakları

TALİMATLAR:

Fırınınızı 200°C'ye (400°F) önceden ısıtın.

a) Büyük bir kapta kıyma, galeta unu, rendelenmiş Parmesan peyniri, yumurta, kıyılmış sarımsak, kıyılmış maydanoz, tuz ve karabiberi birleştirin. İyice birleşene kadar karıştırın.

b) Karışımı köfte şekline getirin ve parşömen kağıdıyla kaplı bir fırın tepsisine yerleştirin.

c) Köfteleri önceden ısıtılmış fırında 15-20 dakika veya tamamen pişip kızarana kadar pişirin.

ç) Köfteler pişerken sosu hazırlayın. Zeytinyağını bir tavada orta ateşte ısıtın.

d) Tavaya yemeklik doğranmış soğanı ve kıyılmış sarımsağı ekleyip yumuşayıncaya kadar pişirin.

e) Ezilmiş domatesleri, kurutulmuş kekik, kurutulmuş fesleğen, tuz ve karabiberi karıştırın. Ara sıra karıştırarak 10-15 dakika pişirin.

f) Köfteler piştikten sonra sosla birlikte tavaya ekleyin ve eşit şekilde kaplayacak şekilde fırlatın.

g) Hoagie rulolarını bölün ve bir tarafına dilimlenmiş provolon peynirini yerleştirin.

ğ) Köfte ve sos karışımını hoagie rulolarının üzerine kaşıkla dökün.

h) Taze fesleğen yapraklarıyla süsleyin.

ı) Sıcak servis yapın ve yarışmayı kazanan Bavyera köftesi hoaginizin tadını çıkarın!

47.Domuz filetolu sandviç

İÇİNDEKİLER:
- 2-4 dilim çıtır çıtır kızarmış domuz eti
- 4 yemek kaşığı tatlı-ekşi kırmızı lahana
- 3 yemek kaşığı kaliteli mayonez
- 1 yemek kaşığı güçlü, kaba hardal
- 2 turşu, dilimlenmiş
- 1 adet bayan elma
- Bazı kırmızı soğan halkaları (isteğe bağlı)

Ekşi-Tatlı Kırmızı Lahana
- 1 orta boy kırmızı lahana
- 1/2 şişe kırmızı şarap
- Baharatlar: karanfil, defne yaprağı, tarçın çubuğu, biber, yıldız anason
- 2 soğan
- Tuz
- 3 yemek kaşığı ördek veya kaz yağı
- 2 bardak balzamik veya elma sirkesi
- Şarabın ve sirkenin tatlılığına bağlı olarak 2 yemek kaşığı şeker kamışı

TALİMATLAR:
a) Gerekirse domuz filetosunu ve kırmızı lahanayı ısıtın.
b) Mayonezi hardalla karıştırın ve ekmek dilimlerinin üzerine yayın.
c) Bir dilim ekmeğin üzerine kırmızı lahana, et, dilimlenmiş kornişon, dilimlenmiş elma ve soğan halkalarını kat kat yerleştirip diğer dilimle kapatarak sandviç yapın.
ç) Kırmızı şarabı kurutulmuş baharatlarla 5 dakika kaynatın ve 15 dakika demlenmeye bırakın.
d) Varsa lahananın sapını çıkarın ve parçalayın. Soğanı soyun ve doğrayın.
e) Geniş kalın tabanlı bir tavada kırmızı lahana ve soğanı kaz yağında soteleyin.
f) Baharatları tavaya çıkarmak için kırmızı şarabı bir elekten geçirin ve tuz ekleyin.
g) En az bir saat kaynamaya bırakın; birkaç saatlik pişirme yumuşak ve olağanüstü lezzetli bir lahana elde etmenizi sağlar.
ğ) Kırmızı lahanayı sirke ve şekerle tatlandırın.

48.Baharatlı Balık Sandviç

İÇİNDEKİLER:

- 2 pound beyaz deniz balığı filetosu
- 3 yemek kaşığı sızma zeytinyağı
- 4 diş sarımsak, ezilmiş
- 1 su bardağı ince kıyılmış kişniş
- 1/2 çay kaşığı öğütülmüş kişniş
- 1/2 çay kaşığı öğütülmüş kimyon
- 1/2 çay kaşığı ezilmiş kırmızı biber gevreği

TARATOR SOSU İÇİN

- 1/2 su bardağı tahin
- 1 limonun suyu veya tadı
- 1/2 su bardağı su
- Deniz tuzu

SARIMSAK SOSU İÇİN

- 5 büyük diş sarımsak
- 1 orta boy patates, haşlanmış ve ezilmiş
- 1/3 su bardağı sızma zeytinyağı
- 3-4 yemek kaşığı süzme yoğurt

SANDVİÇLER İÇİN

- 6 orta boy pide ekmeği
- 1 orta boy domates, ince dilimlenmiş
- 1 su bardağı kıyılmış marul

TALİMATLAR:

a) Fırını 180° C'ye önceden ısıtın
b) Balık filetosunu deri tarafı aşağı bakacak şekilde bir fırın tepsisindeki ızgaraya yerleştirin. Balıkları 25-30 dakika veya pişene kadar pişirin. Balıkları aşırı pişirmeyin, aksi halde lastik gibi olur. Soğumaya bırakın. Küçük parçalar halinde kesin, örtün ve bir kenara koyun.
c) Yağı, sarımsağı, kişnişi ve öğütülmüş kişnişi bir tavada kokusu çıkana kadar sürekli karıştırarak soteleyin. Daha sonra kimyonu ve kırmızı biberi ekleyin. İyice karıştırın ve ocaktan alın.
ç) Kremalı bir sos elde edene kadar malzemeleri birbirine karıştırarak, damak tadınıza göre tuz ekleyerek taratoru yapın ve küçük bir tencereye dökün. Orta ateşte koyun ve düzenli olarak karıştırarak

kaynatın. Sos kaynamaya başlayınca sotelenmiş kişnişi ekleyin ve yaklaşık beş dakika veya ayrılmaya başlayana ve yağ yüzeye çıkana kadar pişirin. Isıdan çıkarın ve soğumaya bırakın.

d) Balığın varsa suyunu süzüp tahinli sosa ekleyin. İyice karıştırın, ardından tadın ve baharatını ayarlayın.

e) Sarımsak dişlerini havanda havan tokmağı kullanarak biraz sosla ezerek sarımsak sosunu hazırlayın. Patates püresini karıştırın, ardından mayonez yapar gibi yavaşça yağa dökün. Sosu tadın, çok keskinse süzme yoğurt ve isteğe göre biraz daha tuz ekleyin.

f) Pide ekmeğini dikiş yerinden açın ve her iki katmanı da pürüzlü tarafı yukarı gelecek şekilde üst üste koyun. Her üst daireye biraz sarımsak sosu sürün. Balıkları pide ekmeklerine eşit şekilde paylaştırın, balığın üzerine eşit miktarda domates ve marul serpin ve biraz deniz tuzu serpin.

g) Pideyi balık dolgusunun üzerine yuvarlayın ve her bir sandviçi bütün olarak bırakın ve çapraz olarak ikiye bölün; sandviçi bir Panini ekmek kızartma makinesinde veya sıcak bir tavada hafifçe kızartabilirsiniz. Alt yarımları kağıt peçeteyle sarın ve hemen servis yapın.

ğ) Alternatif olarak balığı crostini için üst malzeme olarak kullanın. Altı dilim kahverengi veya diğer ekmeği kızartın ve her birine sarımsak sosu sürün. Sarımsağın üzerine biraz kıyılmış marul sürün ve eşit miktarda balık karışımıyla kaplayın. Her yerine az miktarda ince doğranmış domates serpin ve biraz deniz tuzu serpin. Hemen limon dilimleriyle servis yapın.

h) Ahtapotlu sandviç yapmak istiyorsanız kişniş ve sarımsağı tüm baharatlarla birlikte aşağıdaki metinde anlatıldığı gibi soteleyin ve tadına göre limon suyu ekleyin. Soğuduktan sonra haşlanmış, doğranmış ahtapotla karıştırın. Sandviçi aynı garnitürle yapın.

TACOS, ENCHILADAS VE SARMALAR

49.Yiyecek Kamyonu Balık Tacos

İÇİNDEKİLER:
- 1 lb beyaz balık filetosu (morina veya tilapia gibi)
- 1 yemek kaşığı zeytinyağı
- 1 yemek kaşığı taco baharatı
- 8 küçük un veya mısır ekmeği
- Kıyılmış lahana
- doğranmış domates
- dilimlenmiş avokado
- Kireç takozlar
- Garnitür için kişniş
- Ekşi krema veya salsa (isteğe bağlı)

TALİMATLAR:
a) Izgaranızı veya tavanızı orta-yüksek ateşte önceden ısıtın.
b) Balık filetolarını zeytinyağı ve taco baharatıyla ovalayın.
c) Balıkların her bir tarafı 3-4 dakika veya iyice pişip pul pul olana kadar ızgarada veya tavada kızartın.
ç) Tortillaları ızgarada veya kuru tavada ısıtın.
d) Pişen balıkları lokma büyüklüğünde parçalara ayırın.
e) Her tortillaya biraz kıyılmış lahana ve ardından pul pul balık koyarak tacoları birleştirin.
f) Üzerine doğranmış domates, dilimlenmiş avokado ve bir miktar limon suyu ekleyin.
g) Kişniş ile süsleyin ve istenirse ekşi krema veya salsa ile servis yapın.
ğ) Bu kolay ve lezzetli balık tacolarının tadını çıkarın!

50.Moo Shu Mantar Sarmaları

İÇİNDEKİLER:
- 8 büyük un tortillası
- 2 yemek kaşığı bitkisel yağ
- 1 soğan, ince dilimlenmiş
- 2 diş sarımsak, kıyılmış
- 8 ons mantar, ince dilimlenmiş
- 1 su bardağı rendelenmiş lahana veya lahana salatası karışımı
- 2 yemek kaşığı kuru üzüm sosu
- 2 yemek kaşığı soya sosu
- 1 çay kaşığı susam yağı
- Dilimlenmiş yeşil soğan (garnitür için)
- Susam tohumları (süslemek için)

TALİMATLAR:
a) Bitkisel yağı büyük bir tavada ısıtın veya orta-yüksek ateşte wok yapın.
b) Dilimlenmiş soğanı ve kıyılmış sarımsağı tavaya ekleyin ve yumuşayana kadar pişirin.
c) Dilimlenmiş mantarları tavaya ekleyin ve nemlerini bırakıp yumuşayana kadar pişirin.
ç) Kıyılmış lahana veya lahana salatası karışımını karıştırın ve hafifçe solana kadar pişirin.
d) Küçük bir kapta kuru üzüm sosunu, soya sosunu ve susam yağını karıştırın.
e) Sos karışımını tavadaki mantar ve lahana karışımının üzerine dökün. Kaplamak için iyice karıştırın.
f) Her şey iyice ısınıp iyice birleşene kadar 2-3 dakika daha pişirin.
g) Un ekmeğini kuru bir tavada veya mikrodalgada ısıtın.
ğ) Moo shu mantarı karışımını her tortillanın ortasına kaşıkla dökün.
h) Dilimlenmiş yeşil soğan ve susam serpin.
ı) Ekmeği yuvarlayın, ilerledikçe yanlara doğru kıvırın ve sarma oluşturun.
i) Hemen servis yapın ve lezzetli moo shu mantarlı sarmalarınızın tadını çıkarın!

51.Kaliforniya Rulo Sarmaları

İÇİNDEKİLER:
- Nori (deniz yosunu) çarşafları
- Suşi pirinci
- Yengeç eti veya taklit yengeç çubukları, kıyılmış
- Avokado, dilimlenmiş
- Salatalık, jülyen doğranmış
- Daldırma için soya sosu

TALİMATLAR:
a) Temiz bir çalışma yüzeyine bir nori sayfası yerleştirin.
b) Kenarlarda küçük bir kenarlık bırakarak, nori tabakasının üzerine bir kat suşi pirinci eşit şekilde yayın.
c) Kıyılmış yengeç eti, dilimlenmiş avokado ve jülyen doğranmış salatalığı pirincin ortasına yerleştirin.
ç) Şekillendirmeye yardımcı olması için bambu suşi matı veya parşömen kağıdı kullanarak nori tabakasını bir sargı oluşturacak şekilde sıkıca sarın.
d) Ruloyu keskin bir bıçak kullanarak lokma büyüklüğünde dilimleyin.
e) Daldırma için Kaliforniya rulo sargılarını soya sosuyla servis edin.
f) Lezzetli ve portatif suşi esintili ambalajlarınızın tadını çıkarın!

52.Tavuk Taco Yavaş Pişirici

İÇİNDEKİLER:

- 1 lb kemiksiz, derisiz tavuk göğsü
- 1 paket taco baharatı
- 1 su bardağı tavuk suyu
- 8 küçük un veya mısır ekmeği
- En sevdiğiniz taco malzemeleri (salsa, rendelenmiş peynir, marul, doğranmış domates, ekşi krema vb.)

TALİMATLAR:

a) Tavuk göğüslerini yavaş tencereye yerleştirin.
b) Taco baharatını tavuğun üzerine serpin.
c) Tavuk suyunu yavaş tencereye dökün.
ç) Kapağını kapatın ve tavuk yumuşayıncaya ve çatalla kolayca parçalanıncaya kadar 6-8 saat düşük sıcaklıkta veya 3-4 saat yüksek ateşte pişirin.
d) Tavuğu iki çatal kullanarak yavaş pişiricide parçalayın.
e) Tortillaları mikrodalgada veya tavada ısıtın.
f) Her tortillaya bir kaşık dolusu kıyılmış tavuk koyarak tacoları birleştirin.
g) En sevdiğiniz taco soslarını ekleyin.
ğ) Hemen servis yapın ve bu leziz, yavaş pişirilen tavuklu tacoların tadını çıkarın!

53.Mini Chimichangalar

İÇİNDEKİLER:

- Un ekmeği
- Haşlanmış kıyılmış tavuk veya dana eti
- Kızartılmış fasulye
- Rendelenmiş peynir
- Kızartmak için bitkisel yağ
- Servis için ekşi krema, salsa, guacamole

TALİMATLAR:

a) Fırınınızı önceden 375°F (190°C) ısıtın.
b) Her unlu tortillanın ortasına az miktarda pişmiş kıyılmış tavuk veya sığır eti, yeniden kızartılmış fasulye ve rendelenmiş peynir koyun.
c) Tortillanın kenarlarını dolgunun üzerine katlayın, ardından mini chimichangalar oluşturmak için sıkıca sarın.
ç) Bitkisel yağı bir tavada orta ateşte ısıtın.
d) Mini chimichangaları sıcak yağda her tarafı altın rengi kahverengi ve çıtır olana kadar, her tarafı yaklaşık 2-3 dakika kızartın.
e) Kızartılmış chimichangaları parşömen kağıdıyla kaplı bir fırın tepsisine aktarın.
f) Dolgunun iyice ısınmasını sağlamak için önceden ısıtılmış fırında 10-12 dakika pişirin.
g) Mini chimichangaları daldırma için ekşi krema, salsa ve guacamole ile sıcak olarak servis edin.
ğ) Atıştırmalık veya meze olarak lezzetli mini chimichangalarınızın tadını çıkarın!

54. Misket Limonu-Chipotle Carnitas Tostadas

İÇİNDEKİLER:
KİREÇ-CHİPOTLE KARNITALARI İÇİN:
- 2 lbs domuz omuzu, parçalar halinde kesilmiş
- 1 soğan, doğranmış
- 4 diş sarımsak, kıyılmış
- Adobo soslu 1 chipotle biber, kıyılmış
- 1 yemek kaşığı adobo sosu
- 2 limonun suyu
- 1 çay kaşığı öğütülmüş kimyon
- 1 çay kaşığı kurutulmuş kekik
- Tatmak için biber ve tuz
- 1 su bardağı tavuk suyu
- Kızartmak için bitkisel yağ

DİĞERLERİ:
- Tostada kabukları
- Kızartılmış fasulye
- Kıyılmış marul
- doğranmış domates
- dilimlenmiş avokado
- Ufalanmış queso fresk
- Kıyılmış silantro
- Kireç takozlar

TALİMATLAR:

a) Yavaş bir tencerede domuz omuz parçalarını, doğranmış soğanı, kıyılmış sarımsağı, kıyılmış chipotle biberini, adobo sosunu, limon suyunu, öğütülmüş kimyonu, kurutulmuş kekik, tuz, karabiber ve tavuk suyunu birleştirin.

b) Domuz eti yumuşayıncaya ve kolayca parçalanıncaya kadar 8 saat boyunca düşük sıcaklıkta veya 4 saat boyunca yüksek sıcaklıkta pişirin.

c) Domuz eti piştikten sonra yavaş pişiriciden çıkarın ve iki çatal kullanarak parçalayın.

ç) Bitkisel yağı bir tavada orta-yüksek ateşte ısıtın.

d) Kıyılmış domuz etini sıcak yağda çıtır çıtır ve karamelize olana kadar yaklaşık 5-7 dakika kızartın.

e) Tostadaları birleştirmek için, her bir tostada kabuğunun üzerine bir kat yeniden kızartılmış fasulye yayın.

f) Üstüne bol miktarda çıtır limonlu karnita ekleyin.

g) Kıyılmış marul, doğranmış domates, dilimlenmiş avokado, ufalanmış queso fresk ve doğranmış kişniş ile süsleyin.

ğ) Sıkmak için yanında limon dilimleri ile servis yapın.

h) Leziz ve leziz limonlu chipotle carnitas tostadas'ınızın tadını çıkarın!

55.Yiyecek Kamyonu Lezzetli Burritolar

İÇİNDEKİLER:

- 1 lb kıyma veya hindi
- 1 paket taco baharatı
- 1 kutu (15 oz) yeniden kızartılmış fasulye
- 1 su bardağı pişmiş pirinç
- 8 büyük un tortillası
- Kıyılmış marul
- doğranmış domates
- Rendelenmiş peynir (çedar, Monterey Jack veya Meksika karışımı)
- Ekşi krema
- Salsa

TALİMATLAR:

a) Kıymayı veya hindiyi bir tavada orta ateşte rengi dönene kadar pişirin. Fazla gresi boşaltın.
b) Taco baharatını ekleyin ve paketteki talimatlara göre hazırlayın.
c) Kızartılmış fasulyeleri bir tencerede orta ateşte ısıtın.
ç) Her tortillaya bir kaşık dolusu kızartılmış fasulyeyi yayın.
d) Üzerine pişmiş pirinç, baharatlı kıyma veya hindi, rendelenmiş marul, doğranmış domates, rendelenmiş peynir, ekşi krema ve salsa ekleyin.
e) Her tortillanın kenarlarını katlayın ve burrito oluşturmak için sıkıca yuvarlayın.
f) Hemen servis yapın ve lezzetli burritolarınızın tadını çıkarın!

56.Çiftçi Pazarı Enchiladas

İÇİNDEKİLER:

- 8 mısır ekmeği
- 2 su bardağı pişmiş tavuk, doğranmış
- 1 bardak siyah fasulye, süzülmüş ve durulanmış
- 1 su bardağı mısır taneleri
- 1 dolmalık biber, doğranmış
- 1 soğan, doğranmış
- 2 bardak enchilada sosu
- 1 su bardağı rendelenmiş peynir (kaşar, Monterey Jack veya Meksika karışımı)
- Garnitür için doğranmış kişniş (isteğe bağlı)

TALİMATLAR:

a) Fırınınızı önceden 375°F (190°C) ısıtın.
b) Bir tavada yemeklik doğranmış soğanı ve biberi yumuşayana kadar kavurun.
c) Kıyılmış tavuğu, siyah fasulyeyi ve mısır tanelerini tavaya ekleyin ve karıştırarak karıştırın.
ç) Bir fırın kabının dibine 1/2 bardak enchilada sosunu dökün.
d) Mısır tortillalarını esnek hale getirmek için mikrodalgada veya tavada ısıtın.
e) Her tortillaya tavuk ve sebze karışımını kaşıkla dökün ve sıkıca sarın.
f) Rulo enchiladas'ı dikiş tarafı aşağı bakacak şekilde pişirme kabına yerleştirin.
g) Kalan enchilada sosunu enchiladaların üzerine eşit şekilde yayarak dökün.
ğ) Üzerine rendelenmiş peyniri serpin.
h) 20-25 dakika veya peynir eriyip kabarcıklanıncaya kadar pişirin.
ı) İstenirse kıyılmış kişniş ile süsleyin.
i) Sıcak servis yapın ve bu lezzetli çiftçi pazarı enchiladalarının tadını çıkarın!

57.Tavuk Sezar Sarmaları

İÇİNDEKİLER:

- 2 su bardağı pişmiş tavuk, kıyılmış veya dilimlenmiş
- 1/2 bardak Sezar salatası sosu
- 4 büyük un tortillası
- Kıyılmış marul
- Rendelenmiş parmesan peyniri
- Kızarmış ekmek
- Tatmak için biber ve tuz

TALİMATLAR:

a) Bir kapta pişmiş tavuk ve Sezar salatası sosunu birleştirin. Eşit şekilde kaplanana kadar fırlatın.
b) Un tortillalarını esnek hale getirmek için mikrodalgada veya tavada ısıtın.
c) Kıyılmış marulu tortillaların arasına paylaştırın ve eşit şekilde dağıtın.
ç) Her tortillayı giyinmiş tavukla doldurun.
d) Rendelenmiş Parmesan peyniri ve kruton serpin.
e) Tatmak için tuz ve karabiber ekleyin.
f) Sarma oluşturmak için ekmeği sıkıca sarın.
g) Hemen servis yapın ve leziz tavuklu Sezar dürümlerinizin tadını çıkarın!

58. Tavuklu Souvlaki Pide

İÇİNDEKİLER:
- 1 lb. kemiksiz, derisiz tavuk göğsü, küp şeklinde kesilmiş
- 1/4 su bardağı zeytinyağı
- 2 yemek kaşığı limon suyu
- 2 diş sarımsak, kıyılmış
- 1 çay kaşığı kurutulmuş kekik
- Tatmak için biber ve tuz
- Pide ekmek
- Cacık Sosu
- Dilimlenmiş domates
- Dilimlenmiş soğan
- Kıyılmış marul

TALİMATLAR:
a) Marine etmek için bir kasede zeytinyağı, limon suyu, kıyılmış sarımsak, kurutulmuş kekik, tuz ve karabiberi çırpın.
b) Tavuk küplerini marineye ekleyin ve kaplayın. En az 30 dakika marine edelim.
c) Izgaranızı veya ızgara tavanızı orta-yüksek ateşte önceden ısıtın.
ç) Marine edilmiş tavuk küplerini şişlere geçirin.
d) Tavuk şişlerinin her iki tarafını da 5-6 dakika veya tamamen pişip hafifçe kömürleşene kadar ızgarada pişirin.
e) Pide ekmeğini ızgarada ısıtın.
f) Her pidenin üzerine birkaç parça ızgara tavuk koyarak tavuklu souvlaki pidelerini birleştirin.
g) Üzerine cacık sosu, dilimlenmiş domates, dilimlenmiş soğan ve kıyılmış marul ekleyin.
ğ) Hemen servis yapın ve lezzetli tavuklu souvlaki pidelerinizin tadını çıkarın!

59.Yiyecek Kamyonu Yürüyüş Tacos

İÇİNDEKİLER:

- 1 lb kıyma
- 1 paket taco baharatı
- 8 ayrı torba mısır cipsi (Fritos gibi)
- Kıyılmış marul
- doğranmış domates
- Doğranmış soğan
- Rendelenmiş peynir (kaşar veya Meksika karışımı)
- Dilimlenmiş jalapenos (isteğe bağlı)
- Ekşi krema
- Salsa

TALİMATLAR:

a) Bir tavada kıymayı orta ateşte rengi dönene kadar pişirin. Fazla gresi boşaltın.
b) Paket talimatlarına göre taco baharatını pişmiş kıymaya ekleyin.
c) Her bir mısır cipsi torbasını açın ve baharatlı kıymanın bir kısmını her bir torbaya kaşıklayın.
ç) Üzerine rendelenmiş marul, doğranmış domates, doğranmış soğan, rendelenmiş peynir, dilimlenmiş jalapenos (kullanılıyorsa), ekşi krema ve salsa ekleyin.
d) Hemen bir çatalla servis yapın ve yürüyen tacolarınızın tadını çıkarın!

60.Tavuk Tamalesi

İÇİNDEKİLER:
TAVUK DOLGUSU İÇİN:
- 2 su bardağı pişmiş kıyılmış tavuk
- 1 soğan, doğranmış
- 2 diş sarımsak, kıyılmış
- 1 çay kaşığı öğütülmüş kimyon
- 1 çay kaşığı biber tozu
- Tatmak için biber ve tuz
- 1 su bardağı domates sosu
- 1/4 su bardağı doğranmış taze kişniş

MASA HAMURU İÇİN:
- 2 bardak masa harina
- 1 çay kaşığı kabartma tozu
- 1/2 çay kaşığı tuz
- 1 1/2 su bardağı tavuk suyu
- 1/2 bardak domuz yağı veya sebze yağı

EK OLARAK:
- Esnek hale gelinceye kadar ılık suya batırılmış kurutulmuş mısır kabuğu

TALİMATLAR:

a) Tavuklu harcı hazırlamak için bir yemek kaşığı yağı tavada orta ateşte ısıtın. Küp doğranmış soğanı ve kıyılmış sarımsağı ekleyip yumuşayıncaya kadar pişirin.

b) Öğütülmüş kimyonu, toz biberi, tuzu ve karabiberi ekleyip karıştırın. Bir dakika daha pişirin.

c) Kıyılmış tavuk, domates sosu ve doğranmış kişnişi ekleyin. Ara sıra karıştırarak 5-7 dakika pişirin. Isıdan çıkarın ve bir kenara koyun.

ç) Masa hamurunu hazırlamak için masa harinasını, kabartma tozunu ve tuzu bir karıştırma kabında birleştirin.

d) Yumuşak bir hamur oluşana kadar karıştırarak yavaş yavaş tavuk suyunu ekleyin.

e) Ayrı bir kapta domuz yağı veya sebze yağını hafif ve kabarık olana kadar çırpın.

f) Dövülmüş domuz yağı yavaş yavaş masa hamuruna ekleyin, iyice birleşene ve kabarık olana kadar karıştırın.

g) Tamaleleri birleştirmek için, ıslatılmış mısır kabuğunun ortasına ince bir tabaka masa hamuru sürün.

ğ) Tavuk dolgusunun bir kısmını masa hamurunun üzerine kaşıkla dökün.

h) Mısır kabuğunun kenarlarını dolgunun üzerine katlayın, ardından kabuğun alt kısmını yukarı doğru katlayın.

ı) Kalan masa hamuru ve dolgusu ile tekrarlayın.

i) Birleştirilmiş tamalesleri bir buharlı pişirme sepetine dik olarak yerleştirin.

j) Tamaleleri kaynayan su üzerinde 60-90 dakika veya masa hamuru sertleşip iyice pişene kadar buharda pişirin.

k) Tamalesleri buharlayıcıdan çıkarın ve servis yapmadan önce hafifçe soğumalarını bekleyin.

l) Sıcak servis yapın ve lezzetli ev yapımı tavuk tamalelerinizin tadını çıkarın!

DOLU KIZARTMALAR

61. Yüklü Waffle Kızartması

İÇİNDEKİLER:
- 1 torba dondurulmuş waffle kızartması
- 1 su bardağı rendelenmiş kaşar peyniri
- 1/2 su bardağı pişmiş ve ufalanmış pastırma
- 1/4 bardak dilimlenmiş yeşil soğan
- 1/4 bardak doğranmış domates
- 1/4 bardak ekşi krema
- 1/4 bardak çiftlik sosu
- Tatmak için biber ve tuz
- Garnitür için kıyılmış taze maydanoz (isteğe bağlı)

TALİMATLAR:
a) Waffle kızartması paketindeki talimatlara göre fırınınızı önceden ısıtın.
b) Waffle kızartmalarını parşömen kağıdıyla kaplı bir fırın tepsisine tek kat halinde yerleştirin.
c) Waffle kızartmalarını paketteki talimatlara göre altın rengi kahverengi ve gevrek oluncaya kadar pişirin.
ç) Waffle kızartmaları piştikten sonra fırından çıkarın ve üzerine rendelenmiş kaşar peynirini eşit şekilde serpin.
d) Fırın tepsisini fırına geri koyun ve 2-3 dakika daha veya peynir eriyip kabarcıklanıncaya kadar pişirin.
e) Yüklenen waffle kızartmalarını fırından çıkarın ve üzerine pişmiş ve ufalanmış pastırma, dilimlenmiş yeşil soğan ve doğranmış domates serpin.
f) Ekşi krema ve çiftlik sosuyla gezdirin.
g) Tatmak için tuz ve karabiber ekleyin.
ğ) İstenirse kıyılmış taze maydanozla süsleyin.
h) Hemen servis yapın ve lezzetli waffle kızartmalarınızın tadını atıştırmalık veya meze olarak çıkarın!

62.Buffalo Mavi Peynirli Kızartma

İÇİNDEKİLER:

- 4 büyük patates, patates kızartmasına kesilmiş
- 2 yemek kaşığı zeytinyağı
- ¼ fincan bufalo sosu
- ¼ bardak ufalanmış mavi peynir
- ¼ bardak doğranmış kereviz
- Tatmak için biber ve tuz

TALİMATLAR:

a) Fırını önceden 220°C'ye (425°F) ısıtın ve fırın tepsisini parşömen kağıdıyla kaplayın.

b) Geniş bir kapta patates kızartmasını zeytinyağı, tuz ve karabiberle karıştırın.

c) Kızartmaları fırın tepsisine tek kat halinde yayın ve 25-30 dakika, yani çıtır çıtır olana kadar pişirin.

d) Fırından çıkarın ve buffalo sosunu gezdirin.

e) Patates kızartmasının üzerine ufalanmış mavi peynir ve doğranmış kereviz serpin.

f) Kızartmaları 2-3 dakika daha veya peynir hafifçe eriyene kadar tekrar fırına verin.

g) Sıcak servis yapın.

63. Doldurulmuş Acılı Peynirli Kızartma

İÇİNDEKİLER:
- 4 adet büyük boy patates
- Kızartmak için bitkisel yağ
- Tatmak için tuz
- 1 bardak chili con carne
- 1 su bardağı rendelenmiş kaşar peyniri
- Ekşi krema
- Kıyılmış yeşil soğan

TALİMATLAR:
a) Patatesleri çıtır çıtır olana kadar kızartmak veya fırında pişirmek için klasik ev yapımı patates kızartması yapma talimatlarını (tarifi daha önce verilmiştir) izleyin .
b) Patatesler piştikten sonra servis tabağına alın ve üzerine tuz serpin.
c) Chili con carne'ı patates kızartmasının üzerine kaşıkla dökün.
d) Rendelenmiş kaşar peynirini biberlerin üzerine serpin.
e) Yüklenen kızartmaları, peynir eriyene kadar birkaç dakika boyunca piliç altına yerleştirin.
f) Fırından çıkarın ve üzerine ekşi krema ve doğranmış yeşil soğan ekleyin.
g) Hemen servis yapın ve hoşgörülü yüklü biberli peynir kızartmasının tadını çıkarın.

64. Trüf Parmesan kızartması

İÇİNDEKİLER:
- 4 adet büyük boy patates
- 3 yemek kaşığı trüf yağı
- ¼ su bardağı rendelenmiş parmesan peyniri
- 1 yemek kaşığı ince kıyılmış taze maydanoz
- Tatmak için biber ve tuz

TALİMATLAR:
a) Fırını önceden 425°F'ye (220°C) ısıtın. Kolay temizlik için fırın tepsisini parşömen kağıdı veya alüminyum folyo ile kaplayın.
b) Patatesleri iyice yıkayıp kurulayın. Daha fazla doku için cildi açık bırakın veya tercih edilirse soyun. Patatesleri yaklaşık 0,6 ila 1,3 cm (¼ ila ½ inç) kalınlığında eşit çubuklar halinde kesin.
c) Patates çubuklarını geniş bir kaseye koyun ve üzerine trüf yağını gezdirin. Kızartmaları yağla eşit şekilde kaplamak için iyice karıştırın.
ç) Kızartmaları hazırlanan fırın tepsisine tek kat halinde yerleştirin. Eşit pişirme ve gevreklik sağlamak için aralarında biraz boşluk olduğundan emin olun.
d) Patatesleri damak tadınıza göre tuz ve karabiberle tatlandırın.
e) Parmesan peynirinin biraz tuzluluk kattığını unutmayın, bu nedenle isterseniz tuzu azaltın.
f) Fırın tepsisini önceden ısıtılmış fırına yerleştirin ve yaklaşık 25-30 dakika veya patates kızartması altın kahverengi ve gevrek oluncaya kadar pişirin. Eşit şekilde kızarmasını sağlamak için kızartmaları pişirme süresinin yarısında çevirin.
g) Patates kızartması piştikten sonra fırından çıkarın ve rendelenmiş Parmesan peynirini sıcak patates kızartmasının üzerine serpin. Kalan ısı peynirin hafifçe erimesine yardımcı olacaktır.
ğ) Daha fazla tazelik ve lezzet için patates kızartmasını ince kıyılmış taze maydanozla süsleyin.
h) Trüf Parmesanlı kızartmaları henüz sıcak ve çıtır durumdayken hemen servis edin. Tek başına veya hamburger, sandviç veya seçtiğiniz herhangi bir yemeğin yanında lezzetli bir garnitür olarak tadını çıkarabilirsiniz.

65.Kahvaltıda patates kızartması

İÇİNDEKİLER:
- 1 çay kaşığı tereyağı veya tadı
- ¼ bardak dondurulmuş patates kızartması veya tadına göre
- 2 yumurta, dövülmüş
- 1 tutam tuz ve isteğe göre karabiber

TALİMATLAR:
a) Tereyağınızı döküm tavaya alıp kızdırın.
b) Daha sonra tereyağı ısınınca patateslerinizi ekleyin ve yaklaşık 6 dakika pişirin.
c) Tuzunuzu ve yumurtalarınızı, ardından biberinizi birleştirin ve her şeyi yaklaşık 4 ila 6 dakika daha karıştırmaya devam edin.

66.Bacon Çiftliği Kızartması

İÇİNDEKİLER:

- 4 adet büyük boy patates
- 2 yemek kaşığı bitkisel yağ
- 1 yemek kaşığı çiftlik baharat karışımı
- ½ su bardağı rendelenmiş kaşar peyniri
- 4 dilim pişmiş pastırma, ufalanmış
- Garnitür için kıyılmış taze maydanoz (isteğe bağlı)

TALİMATLAR:

a) Fırını önceden 220°C'ye (425°F) ısıtın ve fırın tepsisini parşömen kağıdıyla kaplayın.

b) Patatesleri kabuklarını açık bırakarak yıkayıp kurulayın. Bunları ¼ ila ½ inç kalınlığında kızartmalar halinde kesin.

c) Büyük bir kapta, patates kızartmasını bitkisel yağ ve çiftlik baharatı karışımıyla karıştırın.

d) Kızartmaları fırın tepsisine tek kat halinde yerleştirin ve çıtır çıtır olana kadar 25-30 dakika pişirin.

e) Fırından çıkarıp üzerine rendelenmiş kaşar peyniri ve ufalanmış pastırma serpin.

f) Peynir eriyene kadar 2-3 dakika daha fırına verin.

g) Arzu ederseniz kıyılmış taze maydanozla süsleyip sıcak olarak servis yapın.

67.Fransız kızartması

İÇİNDEKİLER:
- 1 yemek kaşığı bitkisel yağ
- 1 ½ pound yağsız kıyma
- ½ soğan, doğranmış ½ yeşil dolmalık biber, doğranmış
- tatmak için tuz ve karabiber
- 10 ¾- ons yoğunlaştırılmış kremalı mantar çorbası konservesi
- ¾ bardak Cheez Whiz gibi işlenmiş peynir sosu
- 14 onsluk dondurulmuş ayakkabılı patates kızartması paketi

TALİMATLAR:
a) Bir güveç kabını yağla kaplayın ve başka bir şey yapmadan önce fırınınızı 400 dereceye ayarlayın.

b) Fırın ısınmaya başlayınca kıymanızı yağda kızartmaya başlayın, ardından yeşil biber ve soğanı birleştirin. Sığır eti tamamen pişene kadar 14 dakika boyunca karıştırarak kızartın. Biraz biber ve tuz ekleyip çorbaya karıştırın. Her şeyi birlikte karıştırın, ardından karışımı kaynatın. Her şey yavaşça kaynadıktan sonra ısıyı düşük seviyeye ayarlayın.

c) Peynirinizi mikrodalgada yaklaşık 45 saniye kadar eritin ve ardından sığır eti güveç kabına koyun. Sığır etinin üzerine peyniri koyun ve ardından patates kızartmasını her şeyin üzerine katlayın.

d) Yemeği fırında 20 dakika kadar veya patates kızartması bitene kadar pişirin.

68.Barbekü Tavuk Kızartması

İÇİNDEKİLER:

- 4 büyük patates, patates kızartmasına kesilmiş
- 2 su bardağı pişmiş tavuk, doğranmış
- ½ bardak barbekü sosu
- 1 su bardağı rendelenmiş kaşar peyniri
- ¼ bardak yeşil soğan, doğranmış
- Tatmak için biber ve tuz

TALİMATLAR:

a) Fırını önceden 220°C'ye (425°F) ısıtın ve fırın tepsisini parşömen kağıdıyla kaplayın.

b) Patates kızartmasını fırın tepsisine tek kat halinde yayın ve 25-30 dakika, yani çıtır çıtır olana kadar pişirin.

c) Küçük bir tencerede barbekü sosunu ve kıyılmış tavuğu orta ateşte iyice ısınana kadar ısıtın.

d) Kızartmaları fırından çıkarın ve üzerine tuz ve karabiber serpin.

e) Barbekü tavuk karışımını patateslerin üzerine dökün ve üzerine rendelenmiş kaşar peyniri ekleyin.

f) Kızartmaları 5-7 dakika daha veya peynir eriyene kadar tekrar fırına verin.

g) Doğranmış yeşil soğanlarla süsleyip sıcak olarak servis yapın.

69.Barbekü Çekilmiş Domuz Kızartması

İÇİNDEKİLER:
- 4 adet büyük boy patates
- Kızartmak için bitkisel yağ
- Tatmak için tuz
- 1 bardak Barbekü çekilmiş domuz eti
- 1 su bardağı rendelenmiş Monterey Jack veya kaşar peyniri
- Dilimlenmiş jalapeno
- Kıyılmış silantro

TALİMATLAR:
a) Klasik ev yapımı patates kızartmasını hazırlayın.
b) Patatesler piştikten sonra servis tabağına alın ve üzerine tuz serpin.
c) Çekilmiş domuz etini patates kızartmasının üzerine kaşıkla dökün.
d) Rendelenmiş peyniri çekilmiş domuz etinin üzerine serpin.
e) Daha fazla etki için dilimlenmiş jalapeños ekleyin.
f) Kıyılmış kişniş ile süsleyin.
g) Hemen servis yapın ve yüklü Barbekü ile çekilmiş domuz kızartmasının tadını çıkarın.

70. Çizburger Kızartması

İÇİNDEKİLER:
- 1 kiloluk kıyma
- 1 yemek kaşığı zeytinyağı
- 1 küçük soğan, ince doğranmış
- 2 diş sarımsak, kıyılmış
- Tatmak için biber ve tuz
- Dondurulmuş patates kızartması
- Rendelenmiş kaşar peyniri
- doğranmış domates
- doğranmış turşu
- Doğranmış kırmızı soğan
- Ketçap ve hardal (isteğe bağlı)

TALİMATLAR:
a) paketteki talimatlara göre pişirin .
b) Bir tavada zeytinyağını orta ateşte ısıtın ve doğranmış soğanı ve kıyılmış sarımsağı ekleyin. Yumuşayana kadar pişirin.
c) Kıymayı tavaya ekleyin ve küçük parçalara bölerek kızarıncaya kadar pişirin. Tatmak için tuz ve karabiber ekleyin.
d) Patatesler piştikten sonra fırına dayanıklı bir tabağa veya fırın tepsisine aktarın.
e) Pişen kıymayı patateslerin üzerine serpin ve üzerine rendelenmiş kaşar peyniri serpin.
f) Peynir eriyip kabarcıklanıncaya kadar birkaç dakika fırında kızartın.
g) Fırından çıkarın ve üzerine doğranmış domates, turşu ve kırmızı soğan ekleyin.
h) Arzu ederseniz ketçap ve hardalla servis yapın.

71.Dana Biberli Peynirli Kızartma

İÇİNDEKİLER:

- 1 kiloluk kıyma
- 1 yemek kaşığı zeytinyağı
- 1 küçük soğan, doğranmış
- 2 diş sarımsak, kıyılmış
- 1 kutu (15 ons) barbunya fasulyesi, süzülmüş ve durulanmış
- 1 kutu (14,5 ons) doğranmış domates
- 1 kutu (8 ons) domates sosu
- 2 yemek kaşığı biber tozu
- 1 çay kaşığı öğütülmüş kimyon
- Tatmak için biber ve tuz
- Dondurulmuş patates kızartması
- Rendelenmiş kaşar peyniri
- Dilimlenmiş jalapenos (isteğe bağlı)
- Kıyılmış yeşil soğan (isteğe bağlı)

TALİMATLAR:

a) paketteki talimatlara göre pişirin.
b) Bir tavada zeytinyağını orta ateşte ısıtın ve doğranmış soğanı ve kıyılmış sarımsağı ekleyin. Yumuşayana kadar pişirin.
c) Kıymayı tavaya ekleyin ve küçük parçalara bölerek kızarana kadar pişirin. Fazla gresi boşaltın.
d) Barbunya fasulyesini, doğranmış domatesleri, domates sosunu, kırmızı biber tozunu, kimyonu, tuzu ve karabiberi karıştırın. Tatların birbirine karışmasını sağlamak için yaklaşık 15 dakika pişirin.
e) Patatesler piştikten sonra fırına dayanıklı bir tabağa veya fırın tepsisine aktarın.
f) Kızarmış biberleri patateslerin üzerine dökün ve üzerine rendelenmiş kaşar peyniri serpin.
g) Peynir eriyip kabarcıklanıncaya kadar birkaç dakika fırında kızartın.
h) İsterseniz fırından çıkarın ve üzerine dilimlenmiş jalapenos ve doğranmış yeşil soğan ekleyin.

72. Tavuk Çiftliği Kızartması

İÇİNDEKİLER:

- Dondurulmuş patates kızartması
- Haşlanmış tavuk göğsü, doğranmış veya rendelenmiş
- Çıtır pastırma, ufalanmış
- Çiftlik sosu
- Rendelenmiş peynir
- Kıyılmış taze maydanoz (isteğe bağlı)

TALİMATLAR:

a) Fırını önceden ısıtın ve dondurulmuş patates kızartmasını paketteki talimatlara göre pişirin.

b) Patatesler piştikten sonra fırına dayanıklı bir tabağa veya fırın tepsisine aktarın.

c) Patateslerin üzerine doğranmış veya kıyılmış pişmiş tavuk göğsü ekleyin.

ç) Çıtır pastırma parçalarını tavuğun üzerine serpin.

d) Patates kızartmasının üzerine ranch sosunu gezdirin.

e) Üzerine rendelenmiş peyniri serpin.

f) Peynir eriyip kabarcıklanıncaya kadar birkaç dakika fırında kızartın.

g) Fırından çıkarın ve isteğe göre kıyılmış taze maydanozla süsleyin.

73.Cajun Karides Kızartması

İÇİNDEKİLER:
- 1 pound (450g) büyük karides, soyulmuş ve kabuğu çıkarılmış
- 2 yemek kaşığı Cajun baharatı
- ½ çay kaşığı sarımsak tozu
- ½ çay kaşığı kırmızı biber
- Tatmak için biber ve tuz
- 4 bardak dondurulmuş patates kızartması
- Üzerine sürmek için zeytinyağı
- Kıyılmış taze maydanoz (isteğe bağlı)
- Servis için limon dilimleri

TALİMATLAR:
a) Fırını önceden ısıtın ve dondurulmuş patates kızartmasını paketteki talimatlara göre pişirin.
b) Bir kasede Cajun baharatını, sarımsak tozunu, kırmızı biberi, tuzu ve karabiberi birleştirin.
c) Karidesleri kağıt havluyla kurulayın, ardından eşit şekilde kaplanana kadar baharat karışımına atın.
ç) Zeytinyağını bir tavada orta-yüksek ateşte ısıtın.
d) Baharatlı karidesleri her tarafı yaklaşık 2-3 dakika veya tamamen pişip hafifçe kömürleşene kadar pişirin.
e) Pişen patates kızartmasını fırından alıp servis tabağına aktarın.
f) Cajun karideslerini patateslerin üzerine dizin.
g) Üzerine zeytinyağı gezdirin ve istenirse taze maydanoz serpin.
ğ) Karides ve patates kızartmasının üzerine sıkmak için limon dilimleri ile servis yapın.

74.Yiyecek Kamyonu Poutine

İÇİNDEKİLER:

- 4 büyük patates, soyulmuş ve patates kızartmasına kesilmiş
- Kızartmak için bitkisel yağ
- 2 su bardağı kaşar peyniri
- Sos:
- 2 yemek kaşığı tereyağı
- 2 yemek kaşığı çok amaçlı un
- 2 su bardağı et veya tavuk suyu
- Tatmak için biber ve tuz

TALİMATLAR:

a) Bitkisel yağı derin bir fritözde veya büyük bir tencerede 350°F'ye (175°C) ısıtın.
b) Patates kızartmasını altın kahverengi ve çıtır olana kadar gruplar halinde kızartın. Yağdan çıkarın ve kağıt havluların üzerine boşaltın.
c) Bir tencerede orta ateşte tereyağını eritin. Meyane yapmak için unu karıştırın ve 1-2 dakika pişirin.
ç) Pürüzsüz hale gelinceye kadar yavaş yavaş sığır eti veya tavuk suyunu çırpın. Kaynamaya bırakın ve ara sıra karıştırarak koyulaşana kadar yaklaşık 5-7 dakika pişirin.
d) Sosu tuz ve karabiberle tatlandırın.
e) Poutini birleştirmek için servis tabağına veya kaseye bir kat patates kızartması koyun. Üstüne peynirli lor ekleyin.
f) Sıcak sosu patates kızartması ve peynirli keklerin üzerine dökün ve peynirin hafifçe erimesini sağlayın.
g) Hemen servis yapın ve lezzetli poutinin tadını çıkarın!

ŞEBEKE

75.En İyi Bebek Sırt Kaburgaları

İÇİNDEKİLER:

- 2 raf bebek sırt kaburgası
- 1 bardak barbekü sosu
- 1/4 su bardağı esmer şeker
- 2 yemek kaşığı kırmızı biber
- 2 yemek kaşığı sarımsak tozu
- 2 yemek kaşığı soğan tozu
- 1 yemek kaşığı biber tozu
- Tatmak için biber ve tuz

TALİMATLAR:

a) Izgaranızı orta-yüksek ateşte önceden ısıtın.

b) Küçük bir kapta esmer şekeri, kırmızı biberi, sarımsak tozunu, soğan tozunu, kırmızı biber tozunu, tuzu ve karabiberi kuru bir ovalama elde edene kadar karıştırın.

c) Kuru ovmayı kaburga raflarının her iki tarafına cömertçe sürün.

ç) Kaburgaları ızgaraya yerleştirin ve 1,5 ila 2 saat veya et yumuşayana ve kemikten kolayca ayrılana kadar pişirin.

d) Pişirmenin son 15 dakikasında, kaburgaların üzerini barbekü sosuyla yağlayın ve eşit kaplama sağlamak için ara sıra çevirin.

e) Bittiğinde, kaburgaları ızgaradan çıkarın ve dilimleyip servis etmeden önce birkaç dakika dinlenmelerini bekleyin. Lezzetli bebek sırt kaburgalarınızın tadını çıkarın!

76.Füme Mac ve Peynir

İÇİNDEKİLER:
- 1 lb dirsek makarna
- 4 yemek kaşığı tuzsuz tereyağı
- 1/4 bardak çok amaçlı un
- 2 bardak tam yağlı süt
- 2 su bardağı rendelenmiş peynir (kaşar, Monterey Jack veya bunların karışımı)
- Tatmak için biber ve tuz
- Garnitür için füme kırmızı biber (isteğe bağlı)

TALİMATLAR:
a) Dirsek makarnayı paket talimatlarına göre al dente'ye kadar pişirin. Drenaj yapın ve bir kenara koyun.
b) Büyük bir tencerede orta ateşte tereyağını eritin.
c) Bir meyane oluşturmak için unu karıştırın ve altın kahverengi olana kadar 1-2 dakika pişirin.
ç) Topaklanmayı önlemek için sürekli karıştırarak yavaş yavaş sütü ekleyin.
d) Sosu sık sık karıştırarak koyulaşana kadar yaklaşık 5 dakika pişirin.
e) Tencereyi ocaktan alın ve rendelenmiş peyniri eriyene ve pürüzsüz hale gelinceye kadar karıştırın.
f) Peynir sosunu isteğe göre tuz ve karabiberle tatlandırın.
g) Pişmiş makarnayı peynir sosuna ekleyin ve eşit şekilde kaplanana kadar karıştırın.
ğ) Sigara içicinizi 225°F'ye (110°C) önceden ısıtın.
h) Mac ve peyniri tek kullanımlık bir alüminyum tavaya veya dökme demir tavaya aktarın.
ı) Tavayı tütsüleyiciye yerleştirin ve makarna ve peynir dumanlı bir tada sahip oluncaya kadar 1-2 saat boyunca dumanlayın.
i) İsterseniz garnitür olarak füme kırmızı biber serpin.
j) Sıcak servis yapın ve lezzetli füme makarnanızın ve peynirinizin tadını çıkarın!

77.Kore Sığır Eti ve Pilav

İÇİNDEKİLER:
- 1 lb kıyma
- 1/4 bardak soya sosu
- 2 yemek kaşığı esmer şeker
- 2 diş sarımsak, kıyılmış
- 1 çay kaşığı rendelenmiş zencefil
- 1 yemek kaşığı susam yağı
- 2 yeşil soğan, doğranmış
- Pişmiş pirinç
- Garnitür için susam tohumları
- Garnitür için dilimlenmiş yeşil soğan
- İsteğe bağlı: dilimlenmiş havuç, dolmalık biber veya diğer sebzeler

TALİMATLAR:
a) Orta ateşte bir tavada kıymayı iyice kızarana ve pişene kadar pişirin. Fazla gresi boşaltın.
b) Küçük bir kapta soya sosunu, esmer şekeri, kıyılmış sarımsağı, rendelenmiş zencefili ve susam yağını birlikte çırpın.
c) Sosu pişmiş kıymanın üzerine dökün ve eşit şekilde kaplayacak şekilde karıştırın.
ç) Doğranmış yeşil soğanları (ve isteğe bağlı sebzeleri) tavaya ekleyin ve 2-3 dakika daha pişirin.
d) Kore bifteğini pişmiş pilavın üzerinde servis edin.
e) Susam ve dilimlenmiş yeşil soğanla süsleyin.
f) Lezzetli Kore bifteğinin ve pirincinin tadını çıkarın!

78.Favori Köfte Dönerleri

İÇİNDEKİLER:
- 1 lb kıyma
- 1/2 bardak ekmek kırıntısı
- 1/4 su bardağı süt
- 1 yumurta
- 2 diş sarımsak, kıyılmış
- 1 çay kaşığı kurutulmuş kekik
- 1 çay kaşığı kurutulmuş fesleğen
- Tatmak için biber ve tuz
- Cacık Sosu
- Pide ekmek
- Dilimlenmiş domates
- Dilimlenmiş soğan
- Marul

TALİMATLAR:
a) Fırınınızı önceden 375°F (190°C) ısıtın.
b) Büyük bir kapta kıyma, galeta unu, süt, yumurta, kıyılmış sarımsak, kurutulmuş kekik, kurutulmuş fesleğen, tuz ve karabiberi birleştirin. İyice karıştırın.
c) Karışıma köfte şekli verin ve bunları parşömen kağıdıyla kaplı bir fırın tepsisine yerleştirin.
ç) 25-30 dakika veya tamamen pişene kadar pişirin.
d) Köfte dönerleri pişerken cacık sosunu ve pide ekmeğini ve üst malzemelerini hazırlayın.
e) Pide ekmeğini fırında veya tavada ısıtın.
f) Her pide ekmeğinin üzerine köfte köftesi yerleştirerek jiroskopları birleştirin.
g) Üzerine cacık sosu, dilimlenmiş domates, dilimlenmiş soğan ve marul ekleyin.
ğ) Bir jiroskop oluşturmak için pide ekmeğini sosların üzerine katlayın.
h) Hemen servis yapın ve en sevdiğiniz köfte jiroskoplarının tadını çıkarın!

79. Domuz Eti ve Ramen Tavada Kızartma

İÇİNDEKİLER:
- 2 paket hazır ramen noodle (baharat paketlerini atın)
- 1 lb domuz filetosu, ince dilimlenmiş
- 2 yemek kaşığı soya sosu
- 1 yemek kaşığı istiridye sosu
- 1 yemek kaşığı kuru üzüm sosu
- 1 yemek kaşığı susam yağı
- 2 diş sarımsak, kıyılmış
- 1 yemek kaşığı rendelenmiş zencefil
- 2 su bardağı karışık sebze (biber, bezelye, havuç gibi)
- Garnitür için doğranmış yeşil soğan
- Garnitür için susam tohumları

TALİMATLAR:
a) Hazır ramen eriştelerini paket talimatlarına göre pişirin. Drenaj yapın ve bir kenara koyun.
b) İnce dilimlenmiş domuz filetosunu bir kasede soya sosu, istiridye sosu, kuru üzüm sosu, susam yağı, kıyılmış sarımsak ve rendelenmiş zencefille 15-20 dakika marine edin.
c) Büyük bir tavayı ısıtın veya yüksek ateşte wok yapın. Marine edilmiş domuz etini ekleyin ve pişene ve kahverengileşene kadar yaklaşık 3-4 dakika karıştırarak kızartın.
ç) Karışık sebzeleri tavaya ekleyin ve 2-3 dakika daha veya gevrekleşinceye kadar karıştırarak kızartın.
d) Pişmiş ramen eriştelerini tavaya ekleyin ve domuz eti ve sebzelerle birleştirmek için atın.
e) Sık sık karıştırarak 2-3 dakika daha pişirin.
f) Ateşten alıp doğranmış yeşil soğan ve susamla süsleyin.
g) Sıcak servis yapın ve lezzetli domuz eti ve ramen kızartmasının tadını çıkarın!

80.Acı Biberli Kaburga

İÇİNDEKİLER:

- Bebek sırt kaburgaları
- Biber tozu
- Sarımsak tozu
- Soğan tozu
- Kırmızı biber
- Tuz ve biber
- Servis için barbekü sosu

TALİMATLAR:

a) Izgaranızı orta-yüksek ateşte önceden ısıtın.
b) Küçük bir kapta kırmızı biber tozunu, sarımsak tozunu, soğan tozunu, kırmızı biberi, tuzu ve karabiberi karıştırarak biberin ovalanmasını sağlayın.
c) Biber karışımını bebeğin sırt kaburgalarının yüzeyine cömertçe sürün.
ç) Baharatlı kaburgaları önceden ısıtılmış ızgaraya yerleştirin ve ara sıra çevirerek, kaburgalar yumuşayıp iyice pişene kadar 1-1,5 saat pişirin.
d) İsterseniz ızgaranın son 10 dakikasında kaburgaları barbekü sosuyla fırçalayın.
e) Kaburgaları ızgaradan çıkarın ve servis yapmadan önce birkaç dakika dinlendirin.
f) Big John'un biberle ovulmuş kaburgalarını, yanında ilave barbekü sosuyla sıcak olarak servis edin.
g) Lezzetli ve yumuşak kaburgaların tadını çıkarın!

81. Çekilmiş Domuz Parfesi

İÇİNDEKİLER:
- Çekilmiş domuz
- Patates püresi
- Barbekü sosu
- Lâhana salatası
- Yeşil soğan, doğranmış (isteğe bağlı)

TALİMATLAR:
a) Çekilmiş domuz etini bir bardağın veya servis tabağının altına katlayın.
b) Çekilmiş domuz etinin üzerine bir kat patates püresi ekleyin.
c) Barbekü sosunu patates püresinin üzerine gezdirin.
ç) Barbekü sosunun üzerine bir kat lahana salatası ekleyin.
d) Bardak veya tabak dolana kadar katmanları tekrarlayın ve üstüne bir lahana salatası katmanı ekleyin.
e) İstenirse doğranmış yeşil soğanlarla süsleyin.
f) Hemen servis yapın ve lezzetli çekilmiş domuz parfenizin tadını çıkarın!

82.Yiyecek Kamyonu Pad Thai

İÇİNDEKİLER:

- 8 ons pirinç eriştesi
- 2 yemek kaşığı bitkisel yağ
- 2 diş sarımsak, kıyılmış
- 1 su bardağı pişmiş tavuk, karides veya tofu (isteğe bağlı)
- 2 yumurta, hafifçe dövülmüş
- 1 su bardağı fasulye filizi
- 1/4 su bardağı doğranmış yeşil soğan
- 1/4 su bardağı kıyılmış fıstık
- Servis için limon dilimleri
- Pad Thai sosu:
- 3 yemek kaşığı balık sosu
- 2 yemek kaşığı soya sosu
- 2 yemek kaşığı demirhindi ezmesi
- 1 yemek kaşığı esmer şeker
- 1 çay kaşığı pul biber (damak tadınıza göre ayarlayın)

TALİMATLAR:

a) Pirinç eriştelerini paket talimatlarına göre pişirin. Drenaj yapın ve bir kenara koyun.
b) Küçük bir kapta Pad Thai sosu için gerekli malzemeleri karıştırın: balık sosu, soya sosu, demirhindi ezmesi, esmer şeker ve pul biber. Bir kenara koyun.
c) Bitkisel yağı büyük bir tavada ısıtın veya orta-yüksek ateşte wok yapın.
ç) Kıyılmış sarımsakları tavaya ekleyin ve kokusu çıkana kadar pişirin.
d) Kullanıyorsanız, tavaya pişmiş tavuk, karides veya tofu ekleyin ve iyice ısınana kadar karıştırın.
e) Malzemeleri tavanın bir tarafına itin ve çırpılmış yumurtaları diğer tarafa dökün. Yumurtaları pişene kadar çırpın.
f) Pişmiş pirinç eriştelerini Pad Thai sosuyla birlikte tavaya ekleyin. İyice birleşene kadar her şeyi bir araya getirin.
g) Fasulye filizlerini ve doğranmış yeşil soğanları ekleyip 1-2 dakika daha pişirin.
ğ) Ateşten alıp kıyılmış fıstıkla süsleyin.
h) Yanında limon dilimleri ile sıcak servis yapın.
ı) Kolay Pad Thai'nizin tadını çıkarın!

83.Tavuk Kiev

İÇİNDEKİLER:

- 4 tavuk göğsü, her biri yaklaşık 1/2 lb
- Tatmak için biber ve tuz
- 1/4 pound (8 yemek kaşığı) tereyağı, yumuşatılmış
- 1 çay kaşığı dereotu otu, ince doğranmış
- 1 çay kaşığı düz yaprak maydanoz, ince doğranmış
- 1 su bardağı un
- 2 yumurta, dövülmüş
- 2 su bardağı ince ekmek kırıntısı
- kızartmalık yağ

TALİMATLAR:

a) Tavuk göğüslerini streç film üzerine dizin ve et tokmağıyla incecik oluncaya kadar hafifçe dövün. Tatmak için tuz ve karabiber serpin.

b) Yumuşak tereyağını bir kaseye koyun ve bir çatal veya parmak yardımıyla dereotu ve maydanozu iyice karıştırın.

c) Tereyağını bir rulo haline getirin ve sertleşene, ancak tamamen donmayana kadar yaklaşık 10-20 dakika dondurucuya koyun.

ç) Sertleştiğinde tereyağını dondurucudan çıkarın ve dört eşit büyüklükte ruloya bölün.

d) Her ruloyu her tavuk göğsünün uzun tarafına yerleştirin. Kısa kenarlarını ortaya doğru bastırın, göğsün uzun kenarını tereyağının üzerine katlayın ve sıkıca sarın. Her şey bittiğinde göğüsleri soğuyuncaya kadar yaklaşık bir saat buzdolabına koyun.

e) Pişirmeye hazır olduğunuzda, derin, ağır bir tavada yaklaşık 1-1/2 ila 2 inç yağı 350°F'a kadar ısıtın.

f) Yumurtayı bir kasede çırpın ve bir tabağa unu, diğer tabağa galeta ununu koyun. Tavuk göğsünü önce una, sonra yumurta karışımına, sonra galeta ununa bulayıp iyice kaplanıncaya kadar yuvarlayın. Sıcak yağa koyun ve iyice kızarana kadar altı ila yedi dakika kızartın. Tavuğun iyice piştiğinden emin olun.

g) Bittiğinde tavadan çıkarın ve kağıt havluların üzerine boşaltın.

ğ) Dilimlenmiş salatalık veya rendelenmiş lahana turşusu ile servis yapın.

84. Hacim havası

İÇİNDEKİLER:
- 4-6 puf böreği kabuğu (mağazadan satın alınmış veya ev yapımı)
- 1 kiloluk tavuk göğsü, ısırık büyüklüğünde parçalar halinde kesilmiş
- 8 oz. dilimlenmiş mantarlar
- 4 yemek kaşığı. tereyağı
- 4 yemek kaşığı. çok amaçlı un
- 2 su bardağı tavuk suyu
- 1 bardak ağır krema
- 1 soğan, ince doğranmış
- 2 diş sarımsak, kıyılmış
- 1 yemek kaşığı. taze kekik yaprakları
- Tatmak için biber ve tuz
- Yumurta yıkama (1 yumurta, bir miktar su ile çırpılmış)
- Kıyılmış taze maydanoz (garnitür için isteğe bağlı)

TALİMATLAR:
a) Fırınınızı milföy paketinin üzerinde belirtilen sıcaklığa kadar önceden ısıtın. Milföy hamurlarını talimatlara göre altın rengi kahverengi olana ve kabarıncaya kadar pişirin. Bir kenara koyun.
b) Büyük bir tavada, orta ateşte tereyağını eritin.
c) Doğranmış soğanı ve kıyılmış sarımsağı ekleyin ve yumuşak ve yarı şeffaf hale gelinceye kadar soteleyin.
ç) Tavuk parçalarını tavaya ekleyin ve pembeleşmeyene kadar pişirin. Tavuğu tavadan alıp bir kenara koyun.
d) Aynı tavaya dilimlenmiş mantarları ekleyin ve nemlerini bırakıp altın rengi oluncaya kadar pişirin.
e) Unu mantarların üzerine serpin ve iyice karıştırarak üzerini kaplayın.
f) Çiğ un tadının kaybolması için bir iki dakika pişirin.
g) Sürekli karıştırarak yavaş yavaş tavuk suyunu dökün. Karışımı kaynama noktasına getirin ve koyulaşmasına izin verin.
ğ) Ağır kremayı ve taze kekik yapraklarını karıştırın. Sos kalın ve kremsi hale gelinceye kadar birkaç dakika kaynatmaya devam edin.
h) Pişen tavuğu tekrar tavaya alıp tuz ve karabiberle tatlandırın.
ı) Tavuğu sosla birleştirmek için iyice karıştırın.
i) Birleştirmek için, bir boşluk oluşturmak amacıyla puf böreği kabuklarının üst kısmını dikkatlice çıkarın. Her kabuğu tavuk ve mantar sosuyla doldurun.
j) Milföy hamuru kabuklarının üst kısmını tekrar dolgunun üzerine yerleştirin. Üst kısımlarını yumurta yıkamasıyla hafifçe fırçalayın.
k) Doldurulmuş puf böreği kabuklarını bir fırın tepsisine yerleştirin ve önceden ısıtılmış fırında yaklaşık 10-15 dakika veya üstleri altın rengi kahverengi olana ve dolgu ısıtılıncaya kadar pişirin.
l) İsterseniz doğranmış taze maydanozla süsleyin ve Vol-au-Vent'i sıcak olarak servis edin.

TATLI VE TATLILAR

85.Geleneksel Huni Kekleri

İÇİNDEKİLER:

- 2 fincan çok amaçlı un
- 1 çay kaşığı kabartma tozu
- 1/2 çay kaşığı tuz
- 2 yemek kaşığı toz şeker
- 2 yumurta
- 1 1/2 bardak süt
- 1 çay kaşığı vanilya özü
- Kızartmak için bitkisel yağ
- Üzerine serpmek için pudra şekeri

TALİMATLAR:

a) Büyük bir karıştırma kabında un, kabartma tozu, tuz ve toz şekeri birlikte çırpın.

b) Ayrı bir kapta yumurtaları çırpın, ardından süt ve vanilya özütünü ekleyip karıştırın.

c) Islak malzemeleri yavaş yavaş kuru malzemelere ekleyin, pürüzsüz ve iyice birleşene kadar karıştırın.

ç) Yaklaşık 1 inç bitkisel yağı derin bir tavada veya tencerede 375°F'ye (190°C) ısıtın.

d) Hamuru bir huniye veya sıkma şişesine dökün ve bir kafes deseni oluşturacak şekilde dikkatlice dairesel hareketlerle sıcak yağın içine dökün.

e) Huni keklerini her iki tarafta yaklaşık 2 dakika veya altın rengi kahverengi ve gevrek olana kadar kızartın.

f) Huni keklerini maşa kullanarak yağdan çıkarın ve kağıt havluların üzerine boşaltın.

g) Sıcak huni keklerini pudra şekeri ile cömertçe tozlayın.

ğ) Hemen servis yapın ve geleneksel huni keklerin klasik lezzetinin tadını çıkarın!

86.Şeker Çılgınlığı Dondurma Sandviçleri

İÇİNDEKİLER:

- Çikolatalı kurabiyeler (mağazadan satın alınan veya ev yapımı)
- Seçtiğiniz dondurma (vanilya, çikolata veya tercih ettiğiniz herhangi bir tat)
- Çeşitli şekerler (M&M's, Reese's Pieces, doğranmış Snickers, vb.)

TALİMATLAR:

a) Çikolatalı kurabiyenin alt kısmına bir top dondurma koyun.
b) Bir sandviç oluşturmak için alt tarafı aşağı gelecek şekilde başka bir kurabiye ekleyin.
c) Dondurmalı sandviçin kenarlarını kaplanana kadar çeşitli şekerlerle yuvarlayın.
ç) Kalan kurabiyeler ve dondurma ile aynı işlemi tekrarlayın.
d) Servis etmeden önce bir araya getirilen dondurmalı sandviçleri sertleşmeleri için dondurucuya yerleştirin.
e) Şeker çılgınlığı dondurmalı sandviçlerinizi soğutulmuş olarak servis edin ve tadını çıkarın!

87.Çilekli Dondurma

İÇİNDEKİLER:
- 2 su bardağı taze çilek, kabuğu soyulmuş ve yarıya bölünmüş
- 3/4 su bardağı toz şeker
- 2 bardak tam yağlı süt
- 1 bardak ağır krema
- 1 çay kaşığı vanilya özü

TALİMATLAR:
a) Taze çilekleri bir blender veya mutfak robotunda toz şekerle pürüzsüz hale gelinceye kadar püre haline getirin.
b) Bir tencerede çilek püresini orta ateşte kaynamaya başlayıncaya kadar ısıtın.
c) Ateşten alın ve karışımın oda sıcaklığına soğumasını bekleyin.
ç) Ayrı bir kapta tam yağlı sütü, kremayı ve vanilya özünü birlikte çırpın.
d) Soğutulmuş çilek püresini iyice birleşene kadar karıştırın.
e) Kasenin kapağını kapatın ve karışımı iyice soğuyuncaya kadar en az 4 saat veya gece boyunca buzdolabında saklayın.
f) Soğuduktan sonra karışımı bir dondurma makinesine dökün ve üreticinin talimatlarına göre çalkalayın.
g) Çalkalanmış dondurmayı dondurucuya uygun bir kaba aktarın ve sertleşene kadar 2-3 saat daha dondurun.
ğ) Kaselerde veya külahlarda çilekli dondurma kepçeleri servis edin ve tadını çıkarın!

88.Dondurma Külahı İkramları

İÇİNDEKİLER:

- Dondurma külahı
- Dilediğiniz dondurma
- Çeşitli soslar (serpmeler, çikolata parçacıkları, doğranmış fındıklar, karamel sosu, çırpılmış krema, maraschino kirazları vb.)

TALİMATLAR:

a) Her dondurma külahını en sevdiğiniz dondurma aromasından bir kepçe ile doldurun.

b) Dondurmayı, serpme, çikolata parçaları, kıyılmış fındık vb. gibi seçtiğiniz çeşitli soslara batırın.

c) İsteğe bağlı: Üzerine karamel sos gezdirin veya üstüne çırpılmış krema ve kiraz likörü dökün.

ç) Hemen servis yapın ve eğlenceli ve kişiselleştirilebilir dondurma külahı ikramlarınızın tadını çıkarın!

89.Yiyecek Kamyonu Portakallı Kremalı Pops

İÇİNDEKİLER:
- 1 su bardağı portakal suyu
- 1 bardak ağır krema
- 1/4 su bardağı toz şeker
- 1 çay kaşığı vanilya özü
- 1 portakalın kabuğu rendesi (isteğe bağlı)

TALİMATLAR:

a) Bir kasede portakal suyunu, kremayı, toz şekeri, vanilya ekstraktını ve portakal kabuğu rendesini iyice birleşene kadar çırpın.

b) Karışımı buzlu şeker kalıplarına dökün, üstte genleşme için biraz boşluk bırakın.

c) Kalıplara dondurma çubuklarını yerleştirin.

ç) En az 4 saat veya buzlu şekerler tamamen donuncaya kadar dondurun.

d) Dondurulduktan sonra buzlu çubukları kalıplardan çıkarın ve canlandırıcı portakal kremalı dondurmalarınızın tadını çıkarın!

90.Çilek-Ravent Buz Pops

İÇİNDEKİLER:

- 2 su bardağı doğranmış ravent
- 2 su bardağı doğranmış çilek
- 1/2 su bardağı su
- 1/4 bardak bal veya şeker (tadına göre ayarlayın)
- Buz pop kalıpları
- Buz pop çubukları

TALİMATLAR:

a) Bir tencerede doğranmış raventi, doğranmış çilekleri, suyu ve bal veya şekeri birleştirin.
b) Karışımı orta ateşte kaynama noktasına getirin.
c) 10-15 dakika veya ravent yumuşayana ve çilekler parçalanana kadar ara sıra karıştırarak pişirin.
ç) Ateşten alın ve karışımın hafifçe soğumasını bekleyin.
d) Karışımı pürüzsüz hale gelinceye kadar püre haline getirmek için bir daldırma blenderi veya normal bir blender kullanın.
e) Karışımı buz kalıbı kalıplarına dökün, üst kısmında genleşme için biraz boşluk bırakın.
f) Buz pop çubuklarını kalıplara yerleştirin.
g) Buz kalıplarını en az 4-6 saat veya tamamen donuncaya kadar dondurun.
ğ) Dondurulduktan sonra, buz kalıplarını kalıplardan çıkarın ve canlandırıcı çilekli-raventli buzlu dondurmalarınızın tadını çıkarın!

91.Brownie Boğuldu Pazarları

İÇİNDEKİLER:

- Brownie (ev yapımı veya mağazadan satın alınmış), küp şeklinde kesilmiş
- Vanilyalı dondurma
- Demlenmiş espresso veya sert kahve
- Krem şanti
- Garnitür için çikolata talaşı veya kakao tozu (isteğe bağlı)

TALİMATLAR:

a) Servis bardaklarının veya kaselerin altına brownie küplerini yerleştirin.
b) Brownielerin üzerine bir top vanilyalı dondurma ekleyin.
c) Dondurma ve brownielerin üzerine sıcak demlenmiş espresso veya koyu kahve dökün.
ç) Üstüne çırpılmış krema ekleyin.
d) İstenirse çikolata parçacıkları veya kakao tozu ile süsleyin.
e) Hemen servis yapın ve leziz brownie Boğuldu dondurmalarınızın tadını çıkarın!

92.Dondurulmuş Muzlu Mısır Gevreği Pops

İÇİNDEKİLER:
- Olgun muz
- Yoğurt (sade veya aromalı)
- En sevdiğiniz kahvaltılık gevrek (mısır gevreği veya granola gibi)
- Ahşap dondurma çubukları

TALİMATLAR:
a) Olgun muzları soyun ve çapraz olarak ikiye bölün.
b) Her bir muz yarısının kesik ucuna tahta bir dondurma çubuğu yerleştirin.
c) Her muzun yarısını yoğurda batırın ve eşit şekilde kaplayın.
ç) Yoğurt kaplı muzları en sevdiğiniz kahvaltı gevreğine iyice kaplanana kadar yuvarlayın.
d) Kaplanmış muzları parşömen kaplı bir fırın tepsisine yerleştirin.
e) En az 2 saat veya tamamen donuncaya kadar dondurun.
f) Dondurulduktan sonra dondurucudan çıkarın ve tazeleyici ve besleyici bir atıştırmalık olarak donmuş muzlu mısır gevreğinin tadını çıkarın!

93.Kızartılmamış Kızarmış Dondurma

İÇİNDEKİLER:

- Vanilyalı dondurma
- Mısır gevreği tahıl, ezilmiş
- Bal
- Öğütülmüş tarçın
- Krem şanti (isteğe bağlı)
- Maraşino kirazı (isteğe bağlı)

TALİMATLAR:

a) Vanilyalı dondurma toplarını toplayın ve parşömen kağıdıyla kaplı bir fırın tepsisine yerleştirin.

b) Dondurma toplarını en az 1 saat veya sertleşinceye kadar dondurun.

c) Sığ bir tabakta ezilmiş mısır gevreğini, biraz bal ve bir tutam tarçını karıştırın.

ç) Dondurulmuş her dondurma topunu mısır gevreği karışımında eşit şekilde kaplanana kadar yuvarlayın.

d) Kaplanmış dondurma toplarını tekrar parşömen kaplı fırın tepsisine yerleştirin ve 30 dakika daha dondurun.

e) Dondurulmuş dondurma toplarını dondurucudan çıkarın ve servis yapmadan önce birkaç dakika oda sıcaklığında bekletin.

f) İsteğe bağlı: Kızartılmamış kızarmış dondurmayı üzerine çırpılmış krema ve kiraz likörü vişnesi ekleyerek servis edin.

g) Lezzetli, kızartılmamış kızarmış dondurmanızın tadını çıkarın!

94.Eski Zaman Muhallebi Dondurma

İÇİNDEKİLER:

- 2 bardak ağır krema
- 1 bardak tam yağlı süt
- 3/4 su bardağı toz şeker
- 4 yumurta sarısı
- 1 çay kaşığı vanilya özü
- Bir tutam tuz

TALİMATLAR:

a) Bir tencerede kremayı, tam yağlı sütü ve toz şekeri birleştirin. Karışım sıcak olana ancak kaynamayacak hale gelene kadar orta ateşte ara sıra karıştırarak ısıtın.
b) Ayrı bir kapta yumurta sarılarını pürüzsüz olana kadar çırpın.
c) Sıcak krema karışımının yaklaşık yarısını yavaş yavaş yumurta sarısına dökün ve yumurtaları temperlemek için sürekli çırpın.
ç) Yumurta karışımını, kalan krema karışımıyla birlikte sürekli karıştırarak tekrar tencereye dökün.
d) Muhallebi karışımını orta ateşte sürekli karıştırarak, kaşığın arkasını kaplayacak kadar koyulaşana kadar yaklaşık 5-7 dakika pişirin. Kaynamasına izin vermeyin.
e) Tencereyi ocaktan alın ve vanilya özü ve tuzu ekleyip karıştırın.
f) Topakları gidermek için muhallebiyi ince gözenekli bir elekten geçirerek temiz bir kaseye süzün.
g) Kaseyi plastik ambalajla örtün ve kabuk oluşmasını önlemek için doğrudan muhallebi yüzeyine bastırın.
ğ) Muhallebiyi buzdolabında en az 4 saat veya bir gece tamamen soğuyuncaya kadar soğutun.
h) Soğuduktan sonra muhallebiyi üreticinin talimatlarına göre bir dondurma makinesinde çalkalayın.
ı) Çalkalanmış dondurmayı dondurucuya uygun bir kaba aktarın ve en az 4 saat veya sertleşinceye kadar dondurun.
i) Eski muhallebi dondurma kepçelerini kaselerde veya külahlarda servis edin ve tadını çıkarın!

İÇECEKLER

95.Çilek Karpuz Sulu kar

İÇİNDEKİLER:

- 2 su bardağı taze çilek, kabuğu soyulmuş ve yarıya bölünmüş
- 2 su bardağı küp şeklinde karpuz
- 1 yemek kaşığı bal (isteğe bağlı)
- 1 bardak buz küpleri
- Süslemek için taze nane yaprakları (isteğe bağlı)

TALİMATLAR:

a) Taze çilekleri ve kuşbaşı karpuzları blendera koyun.
b) Ekstra tatlılık için istenirse bal ekleyin.
c) Pürüzsüz olana kadar karıştır.
ç) Karıştırıcıya buz küpleri ekleyin ve karışım sulu bir kıvama gelinceye kadar tekrar karıştırın.
d) Gerekirse daha fazla bal ekleyerek tatlılığı tadın ve ayarlayın.
e) Çilekli karpuz suyunu bardaklara dökün.
f) Arzu ederseniz taze nane yapraklarıyla süsleyin.
g) Hemen servis yapın ve ferahlatıcı çilekli karpuzlu karışımın tadını çıkarın!

96.Ravent Limonata Sulu kar

İÇİNDEKİLER:

- 4 bardak doğranmış ravent
- 1 su bardağı şeker
- 4 bardak su
- 1 su bardağı taze sıkılmış limon suyu
- Buz küpleri
- Garnitür için limon dilimleri (isteğe bağlı)
- Garnitür için nane yaprakları (isteğe bağlı)

TALİMATLAR:

a) Bir tencerede doğranmış raventi, şekeri ve suyu birleştirin.
b) Kaynatın, ardından ısıyı azaltın ve 10-15 dakika veya ravent yumuşayana kadar pişirin.
c) Ateşten alın ve karışımın oda sıcaklığına soğumasını bekleyin.
ç) Ravent karışımını ince gözenekli bir elekten geçirin ve mümkün olduğu kadar fazla sıvıyı çıkarmak için bastırın.
d) Katıları atın ve ravent şurubunu büyük bir sürahiye aktarın.
e) Taze sıkılmış limon suyunu karıştırın.
f) Ravent limonatasını soğuyana kadar buzdolabında saklayın.
g) Servis yapmak için bardaklara buz küplerini doldurun ve ravent limonatasını buzun üzerine dökün.
ğ) Dilerseniz limon dilimleri ve nane yapraklarıyla süsleyebilirsiniz.
h) Tatları birleştirmek için içmeden önce karıştırın.
ı) Sıcak bir günde ferahlatıcı raventli limonata rüşvetinizin tadını çıkarın!

97.Salatalık Nane Limonata

İÇİNDEKİLER:
- 4 bardak su
- 1/2 su bardağı taze sıkılmış limon suyu
- 1/4 bardak bal veya basit şurup (tadına göre ayarlayın)
- 1/2 salatalık, ince dilimlenmiş
- Bir avuç taze nane yaprağı
- Buz küpleri

TALİMATLAR:
a) Bir sürahide su, taze sıkılmış limon suyu, bal veya basit şurup, ince dilimlenmiş salatalık ve taze nane yapraklarını birleştirin.
b) Tatlandırıcıyı birleştirmek ve çözmek için iyice karıştırın.
c) Aromaların birbirine geçmesi için en az 1 saat buzdolabında bekletin.
ç) İstenirse ilave salatalık dilimleri ve nane yapraklarıyla süslenmiş bardaklarda buz küpleri üzerinde servis yapın.

98.Buzlu Lavanta Süt

İÇİNDEKİLER:

- 2 shot espresso veya 1/2 fincan güçlü demlenmiş kahve, soğutulmuş
- 1/2 bardak süt (tercih ettiğiniz herhangi bir tür)
- 1-2 yemek kaşığı lavanta şurubu (tadına göre ayarlayın)
- Buz küpleri
- Garnitür için kurutulmuş mutfak lavanta çiçekleri (isteğe bağlı)

TALİMATLAR:

a) Espresso veya kahveyi demleyin ve oda sıcaklığına soğumasını bekleyin.
b) Buz küpleriyle dolu bir bardağa soğutulmuş espresso veya kahveyi dökün.
c) Süt ve lavanta şurubunu karıştırın.
ç) Tatlılığı veya lavanta aromasını istediğiniz gibi tadın ve ayarlayın.
d) İsterseniz kurutulmuş mutfak lavanta çiçekleriyle süsleyin.
e) Hemen servis yapın ve canlandırıcı buzlu lavanta sütnizin keyfini çıkarın.

99.Şeftali Fesleğen Limonata

İÇİNDEKİLER:

- 4 adet olgun şeftali, soyulmuş ve dilimlenmiş
- 1/2 su bardağı taze fesleğen yaprağı
- 1 su bardağı taze sıkılmış limon suyu
- 1/2 bardak bal veya basit şurup (tadına göre ayarlayın)
- 4 bardak su
- Buz küpleri

TALİMATLAR:

a) Bir karıştırıcıda dilimlenmiş şeftalileri, taze fesleğen yapraklarını ve taze sıkılmış limon suyunu birleştirin.
b) Pürüzsüz olana kadar karıştır.
c) Şeftali-fesleğen karışımını ince gözenekli bir elekten geçirerek bir sürahiye dökün ve içindeki posayı çıkarın.
ç) Bal veya basit şurubu çözünene kadar karıştırın.
d) Suyu ekleyin ve iyice karıştırın.
e) En az 1 saat buzdolabında dinlendirin.
f) Arzu ederseniz taze fesleğen yaprakları ve şeftali dilimleri ile süsleyerek bardaklarda buz küpleri üzerinde servis yapın.

100.Buzlu Matcha Süt

İÇİNDEKİLER:

- 1 çay kaşığı matcha yeşil çay tozu
- 2 yemek kaşığı sıcak su
- 1 su bardağı süt (istediğiniz türde)
- 1-2 yemek kaşığı bal veya tercih edilen tatlandırıcı (tadına göre ayarlayın)
- Buz küpleri

TALİMATLAR:

a) Bir kapta matcha yeşil çay tozunu ve sıcak suyu pürüzsüz ve köpüklü olana kadar çırpın.
b) Hazırladığınız matcha karışımını buz küpleriyle dolu bir bardağa dökün.
c) Süt ve bal veya tercih ettiğiniz tatlandırıcıyı ekleyin.
ç) Birleştirmek için iyice karıştırın.
d) Tatlılığı istediğiniz gibi tadın ve ayarlayın.
e) Hemen servis yapın ve canlandırıcı buzlu matcha süt'nizin tadını çıkarın.

ÇÖZÜM

Yiyecek kamyonları dünyasındaki mutfak yolculuğumuza veda ederken, "Tüm Zamanların Yemek Kamyonu Favorileri"nin sokak yemeklerinin canlı lezzetlerini evinize getirdiğini ve size kendi mutfak maceralarınıza başlamanız için ilham verdiğini umuyoruz.

Ev mutfağınız için yeniden yaratılan 100 sokak yemeği klasiğiyle, evinizin rahatlığından hiç ayrılmadan dünyanın dört bir yanından ikonik yemeklerin tadını çıkarmanın heyecanını yaşadınız. İster baharatlı taco'lara, ister sulu burgerlere, ister leziz tatlılara kendinizi kaptırın, yiyecek kamyonu favorilerinizin her lokmasından keyif aldığınıza güveniyoruz.

Evde yemek pişirme dünyasını keşfetmeye devam ederken sizi yeni tatlar, malzemeler ve tekniklerle denemeye devam etmenizi teşvik ediyoruz. İster temalı bir akşam yemeği partisine ev sahipliği yapıyor olun, ister bir aile yemeği planlıyor olun, ister sadece sokak yemeği deneyiminin tadına bakmak istiyor olun, yaratıcılığınızın mutfakta çılgına dönmesine izin verin.

Bu mutfak macerasında bize katıldığınız için teşekkür ederiz. "Tüm Zamanların Yemek Kamyonu Favorileri"nin mutfağınızda sevilen bir yol arkadaşı olmasını, lezzetli yemeklere ve sevdiklerinizle paylaştığınız unutulmaz anlara ilham vermesini umuyoruz. Bir dahaki sefere kadar, mutlu yemek pişirme ve afiyet olsun!

www.ingramcontent.com/pod-product-compliance
Lightning Source LLC
Chambersburg PA
CBHW070354120526
44590CB00014B/1131